第三帝国

新秩序

美国时代生活编辑部 / 编

张显奎 / 译

修订本

海南出版社

·海口·

目　录

附　文

致读者

首先应当承认，本书的策划并非出自我本人的想法。

事实上，当一小批时代生活图书公司的编辑和作者开始极力主张推出这样一个系列的时候，我的第一反应是："有关第三帝国的话题难道还能有什么新意吗？"

可是，当前往柏林、华盛顿和莫斯科的采访人员逐步发回他们的稿件——私人珍藏的回忆录和相册堆满了我的办公桌——目击者的记录和官方秘藏的文件被一一发掘出来之后，我觉得我的疑问已经找到了最好的答案。

我们正在接近一项重大的成果：对纳粹统治下的德国的一个全新的认识——从第三帝国的内部来解剖它。

本系列共有21本。每一本都向您展示了第一手的私人记录、从未发表过的照片、亲历者的回忆录和新解密的官方档案。它们恰如一幅徐徐展开的巨型画卷，将您带回那腥风血雨的黑暗时代，让您仿佛置身于喧嚣狂热的柏林、遍地瓦砾的华沙、燃烧的斯大林格勒、沙尘滚滚的北非，恍如走进了令人不寒而栗的集中营、党卫队的秘密会议室、希特勒的办公室、他的书房和卧室，甚至把握到他的思想动态。每一本都有一个中心主题，整个系列连起来则构成了迄今为止最完整、最细致的"第三帝国史"。

这就是我们所做的工作，让真实的历史说话。

时代生活编辑部主编乔·沃尔

1933 年 4 月希特勒上台后不久的汉诺威，商场购物者们与巡逻的"冲锋队"队员保持很宽的安全距离。这张照片的拍摄者回忆说："在希特勒上台前，穿着褐色制服的纳粹分子是不敢来到我们住的街区的。"

1. 一座纳粹城的形成

1930 年时的诺特海姆是一座只有 1 万人口的县城，坐落于德国莱纳河谷的缓缓山坡上。它是一座虽繁荣兴旺但仍朴实无华的小城，远离国家事务，尽管刚好处于波恩和柏林之间的半途上。诺特海姆已存在了 1000 年，历史的风雨一次又一次地冲刷着它——15 世纪，它便是一个商业中心，100 年后，它皈依了路德教派的新教改革运动，而在 17 世纪的“三十年战争”中，它是反天主教势力的最后一座堡垒。不过，在这千年历史的大多数岁月里，诺特海姆一直很宁静，与它自己及其邻居和平相处。

在德国，像诺特海姆这样规模和报负都不大的城镇比比皆是。在 20 世纪 40 年代初的时候，它们都是些普通的地方，居民们做着日常的事务。然而，德国即将变化，将变得让人认不出来。这些同样的人将很快成为阿道夫·希特勒帝国的险恶帮凶。希特勒能够登上权力宝座，并不是因为公众接受他那套关于种族纯洁和征服世界的邪恶思想；更多的是因为弥漫全国的绝望、迷惘和恐惧。他对权力的操纵不是表现为有效地控制德国社会的各个方面（尽管他希望如此），而是表现为不称职、腐败和暴力。他想利用他建立的那个党作为夺取权力的

1938 年，在德国中部诺特海姆城外的一处林地里，坐在轮椅上的“一战”老兵们受到“战争受害者协会”的嘉奖。在诺特海姆以及在德国其他地方，纳粹党把诸如这种老兵团体的地方组织都吸纳进来，以确保他们忠实于新秩序。

9

一种武器，但事实证明，这个党问题很多，不足以管理好国家的事务。为了能够运作起来，他的新国家不得不依赖那些他本打算要消灭的许多人和机构。

国家社会党对德国的征服所依靠的就是像诺特海姆市民这样的普通百姓的情感和思想、需要和梦想。希特勒如何走近他们以及他们如何做出反应是他上升到独裁者地位的关键因素。一名德国人这样评论他的邻居们："他们从自己的中下层阶级的梦想慢慢地跌入一个伟大的时代。他们现在感觉很不错，对那个家伙给他们造就的现状感到无比的自豪。他们根本没有明白，正是他们——他们大家一起——首先造就了那个家伙。"

一连串重大的、令人不安的剧变——快速的工业化、输掉的战争、失败的革命，最后还有令人窒息的经济大萧条——使纳粹主义在诺特海姆以及在整个德国有了滋生蔓延的土壤。工业化很晚才来到德国，而且它的到来是破坏性的。现代生产方式在英法两国流行了近100年后才开始出现在德国，这是1871年奥托·冯·俾斯麦实现国家统一之后的事情。然后，变化加快了，德国人的生活方式猛地一下扭了过来，人们放弃家庭农场和乡村小店，到人口更多的城市去做工，谋求更好的生活。

19世纪末期，车轮把诺特海姆带进了新时代，这里是两条新铁路线的交汇点。这座商业小城慢悠悠的生活节奏马上快了起来，在接下来的半个世纪里，诺特海

在1930年的选举活动中，赫斯乡下的村民们围聚在一辆装备着高音喇叭的汽车旁，听社会民主党分子的左中派思想的宣传。在投票榜上位列第一的社会民主党正在捍卫它作为德国最大政治组织的地位。

姆的人口增加了一倍多。居民们逐渐形成了一种严格的地位等级制度，这一制度影响了他们生活的许多方面。能够追根溯源好几代人的那些古老家族住在最古老的城区。在一道中世纪时代的城墙里，是一大片屋顶呈斜坡状的半木结构房子，密集地排列在狭窄的铺着鹅卵石的街道边，城中央是一个广场。他们住的街区曾一度是实

11

际上的整个城区，但到了 1930 年，住在城墙外面的新来者占了 3/4 的人口。

在古城的西边，莱纳河畔，住着大多数下层阶级的居民，他们就在附近的几家工厂和火车站里工作。靠北边，在城墙和鲁梅河与莱纳河交界地区的中间，住着一批中产阶级，他们大多数是为铁路部门和政府机关工作的公务员。占人口极少数的富裕的诺特海姆人聚居在古城南边一处漂亮的山坡上。差别远远不止体现在地理位置上。土生土长的人憎恨新来的人。山坡上的那些居民以及很多过着平静安详生活的公务员们怀着疑惑和恐惧的心情瞧着那些在工人中间传播马克思主义的人。城里的 9000 名新教徒对那 600 名天主教徒和 120 名犹太人也感到极不舒服。

第一次世界大战给那些已经生活在诺特海姆及整个德国的人增加了新的、激烈的分歧。整整一代年轻人从家里和居住的社区里被强行拉出去，饱受战争的创伤，他们对德国军队的投降以及德国政府的垮台感到困惑，他们中很少有人知道如何面对未来。对许多退伍军人来说，剩给他们的唯一的选择就是痛恨——痛恨那些把他们打败的敌国，痛恨那些屈服投降的"卖国者"，最终甚至也痛恨提供不了任何解决方案的魏玛政府。

许多想要工作的人得知，整批整批的工作岗位因为 20 年代迅速发展的技术变革而消失了。新兴的流水线生产方式正使个体工匠的工作毫无利润可言。其中的

一个结果是，尽管 1925 年德国统计的工人人数是 2500
万，而事实上，多达 4500 万人（占总人口的 3/4）挣
的是工人的工资，毫无加薪的希望。那些设法达到白领
工人收入水平的人，其处境也很类似。尽管他们有一定
的专业资格和技能，但他们发现，通向成功的传统道路
不再奏效了。裁军、战争赔款以及战争之余的经济动荡
使在军事机构和民用机构工作的人们都不再有机会被提
升到高级的职位。正如一位记者所言："通向上面的路
被堵死了。"

由于不能够得到提升，20 年代的许多中产者纷纷
开起零售商店，希望借此改善自己的前景。开店经商
一直是一个受人尊敬的职业，它往往是独立和安全的
保证。1907 年到 1925 年之间，德国零售店的数目增加
了 21%。然而，店主们也发现自己的前景并不乐观，他
们的生计遭到百货商店和邮购服务等新兴的零售形式的
威胁。长期以来一直独立富足的小农场也未逃过这次全
国性的灾难。德国的农场还没有实现机械化；在某个有
代表性的地区，有一半的农场规模小于 12.5 英亩，有
3/4 的农场根本就没有任何机器。多年来，这些没有效
率的小规模的农业经营一直靠着国家的保护主义政策、
战时经济的庞大需求以及战后通货膨胀所造成的货币贬
值和食品价格相对提高等因素的扶持。1924 年以后，
随着这些条件的不复存在，农民们（占总人口的 30%）
一下子发现自己处于灾难的边缘。

各极端主义组织都指责是魏玛政府带来了所有这些灾难性的变化，魏玛政府千方百计地想维持现状，结果使情况更糟。政府本来有可能通过援建工业项目来缓解工业化的压力，比如说，可以援助开发德国东部的水利资源。但事实上，政府的侧重点是阻止变化，例如，它曾通过了一项宅地法案，诱骗退伍军人们去从事最不需要他们的经济领域——农业。

政府的软弱无能不仅使人们普遍失去信心，而且推动了一次新的全国性的"人民运动"。大战刚结束不久，就有75个工联组织、社团组织和联盟协会公开表示支持这一运动，尽管没有人能准确说出它的要义到底是什么。它鼓吹的是德意志种族、民族和文化固有的优越性。拥护这种信仰的人以自己能加入到某一个神秘的德国民族主义组织而感到自豪，只有纯种的雅利安人才能加入这种组织。他们虔诚地相信，这种种族优越性不仅会因为与他们所认为的低等种族如犹太人、斯拉夫人和波兰人通婚而受到玷污，而且仅仅是与这些人的社交接触，也会受到玷污。

对犹太人的偏见在德国并不新奇。早在中世纪，犹太人就被限制在某些特定的职业范围内，被要求居住在分离的社区里。他们经常成为各个时期社会动乱的替罪羊，但很少有像魏玛共和国统治下的如此恶毒报复。在这个时期，他们非常惹人注目。随着失业现象恶化，在俄罗斯和波兰的犹太人纷纷逃到德国，与土生土长的德国人拼抢那稀少的工作。同时，"人民运动"的演说家们把犹太人指责为外来者，是北欧德意志民族中的破坏分子，甚至还要更糟。到处都是流言蜚语和令人毛骨悚然的细节描述，说犹太人通过宗教仪式谋害基督徒，说犹太人要阴谋夺取全世界的政权。犹太人占德国人口不到百分之一，这么一点点人口不至于对非犹太德国人的生活造成任何真正的威胁。然而，在"人民运动"忠实分子的心中，这种假想出的危险却变得越来越大。

在整个20年代的德国社会，政治、经济和种族方面的裂隙变得越来越深、越来越宽了。每一种观点都有一个政党在代表，从左翼的共产党和社会民主党到温和的天主教中心党，再到右翼的、拥护君主思想的民族主义党。这么多的政党在政治信仰上差异这么大，要想组建一个足够大、足够稳定的联合政府来处理日常政务，变得越来越困难了。在所有这些政治组织中，只有极右的那些处于边缘的党派，包括德国国家社会主义工人党（即纳粹党），得到了保守的中产阶级的欢迎——这些中产阶级不仅渴望解决困扰德国的种种问题，而且渴望回到曾经代表德国人生活特征的旧秩序上去。

在20年代末期，阿道夫·希特勒的那个党在德国任何地方（包括在诺特海姆）几乎都没有多大的势力。在诺特海姆为数极少的几个纳粹分子中，书店老板威勒姆·斯潘诺斯是第一个。1912—1921年，他曾在南美洲当过教师，他刚回来时，被德国的形势吓坏了。"我是在帝国强大、光荣的鼎盛时期离开德国的，但我回来时，却发现祖国一片混乱……"他认定纳粹党是唯一致力于恢复德国强大的政党。

斯潘诺斯生于诺特海姆城一个古老的家族，他深受人们喜爱和尊重，是本城讲座协会的主席和路德教派的领袖。一位本城居民多年后带着更多的遗憾而不是愤怒回忆说："威勒姆·斯潘诺斯肩负很重的担子，因为主要是他的表率作用使许多人加入了纳粹党。"

诺特海姆城另一位早年的纳粹分子与斯潘诺斯形成了鲜明的对比。他名叫厄内斯特·吉尔曼，从一战的战场上回来时带着伤口、一枚"铁十字"勋章和满腔的愤慨。战前，他曾在他父亲的五金商店工作过，但战后，他对商务和其他任何职业都不再感兴趣。他开始酗酒，谩骂同城居民，经常动不动就大发雷霆，并在1922年后以极端的残忍和狂热支持国家社会党的事业。有一次，他被判两个月监禁，因为他一边用手杖打一个准军事组织的一名成员还一边大叫道，"我要打死你！"诺特海姆的一位公务员认为，在他们的城里有两种纳粹分子："体面的和粗鄙的。最后，粗鄙的占了上风。"

然而刚开始，很少有人去注意这两种纳粹分子。尽管经济问题严重，在德国，日子相对来说还可以，并且还有所改善。当时情况还不明朗，这只是一种建立在大量外国贷款基础上的虚假的繁荣，一旦某一天贷款到期了，灾难也就来了。然而，只要还有希望，纳粹运动

图林根州一个叫底斯巴赫的小村的贫困村民们，在等待市长签发许可证允许他们上街乞讨。在德国各地，经济大萧条使工人们成了乞丐，而纳粹分子迫不及待地利用了这一灾难。

就不会取得任何进展。1925 年，在诺特海姆只有十多名纳粹党员，而到 1928 年时，人数减少到 5 名。要不是 1929 年纽约的股市暴跌造成了席卷世界各地的经济大萧条，这种党员人数减少的现象有可能会继续下去。

在诺特海姆，经济萧条刚开始时的迹象只是失业人数略有上升，受到影响的只是几家工厂的工人。由于很多有工作的居民都是铁路部门或政府机构雇用的职员，没有出现大规模的失业情况，商业和银行也没有因此而崩溃。受到影响最小的是属于中产阶级的工匠、店主、农场主和白领工人，但是，刚开始的那些较为温和的苦难迹象却让他们感到莫名的恐惧。1931 年秋季，他们中失业的人只有 418 名，但当看到 9000 多名丢掉工作的工人迈着沉重的步子走进城里领取失业救济金时，他们的恐惧与日俱增。他们看到经济萧条正吞噬着整个世界，也看到他们的政府在面对这一切时竟无能为力。

困境中的人们尤其经受不住希特勒甜言蜜语的哄骗。他具有利用人们失望和不满情绪的天赋，他把这种失望和不满当作能源，用来点燃他对个人权力的追求。然而，希特勒首先得想方设法引起人们的注意。他花了好几年时间进行大规模的组织工作，把纳粹党的政治机构划分成与全国的选区大致对等的分区。各区的主席以宣传和指示的形式负责把党的路线传达到各基层小组（像诺特海姆就有这样一个基层小组）。

纳粹党的收入依靠党费和举行活动时卖入场券。演讲者未能使演讲厅坐满人，活动入不敷出，招员方法没有吸引到足够的新成员，都是要遭到遗弃的。成功的鼓动宣传——那些针对农场主、店主和小商人的宣传——要保留下来并不断更新。因此，纳粹党在打下发展的基础时就获得了宝贵的经验。

经济危机爆发后，无论在诺特海姆还是在其他地方，像厄内斯特·吉尔曼这样的纳粹分子的慷慨演说开始起效果了。1929 年春，城里的这十来位纳粹党员开始举行每周一次的公开大会，会议室就是拍卖牛的大厅。拍卖大厅的主人是一位纳粹支持者，他把它提供了出来。在这种乡村风格的环境里，纳粹党的演讲者们讨论问题时用的题目都是经过推敲的，如"打破利息偿付的农奴制""锡安山智者会谈录"等。第一次会议只吸引了 15 人参加。然而到了年底，诺特海姆及其附近地区的纳粹党人数就增加到了 58 人，而一次主题为"谁背叛了德国工人"的会议吸引了 120 人。

要叫一位诺特海姆的公民来确定纳粹党代表的是什么，这并不容易。大体上说来，他们的目标是要建立一个重振雄风、拥有强大军事实力和民族自豪感的人民德国。但是，要看出纳粹党反对的是什么，这并不困难。吉尔曼以及他那一小撮分子对德国的现状感到愤懑，并且非常明确该向谁发泄怨气。他们的冤家对头是主张自由和民主的魏玛政府，是挑唆起工人把国家搞得一片混乱的激进分子，是把德国人的钱赚走的犹太人。

纳粹党纲的模糊性使之成为适用于一切人的一种东西。相比之下，各个对立的党派把宣传对象定得过于

一张纳粹选举活动的海报号召工人们支持"前线战士"希特勒。纳粹分子试图从他们的传统对手社会民主党那儿把蓝领工人选民吸引过来，但收效甚微。

具体狭窄。为了拉拢工厂的工人，纳粹分子唱着社会主义歌曲（还带有抒情味），相互打招呼时用的是"同志"一词，并且还挥舞红旗。当面对农场主时，纳粹党的演讲者们祝福农民，许诺建立一个更为传统的社会，让那些在土地上耕耘的人们得到他们应该得到的尊重。中产阶级听众很欢迎纳粹党谴责那些压迫他们的富裕资本家、威胁他们的左翼工人以及不给他们任何帮助的民主政府。诺特海姆的纳粹分子及他们的区委领导一直都很注意入场券的

售卖工作，他们从自己的保留演讲主题中挑选出最适合本城的主题。诺特海姆人对狂热的反闪米特主义不是那么认同，因此纳粹党的演讲者们在这个主题上降低了调子。诺特海姆城的绝大多数人都信仰路德教，他们对宗教事务很感兴趣，所以纳粹党强调的是一种被称作"积极基督教思想"的东西，这赢得了路德教牧师们的有力支持。

那些不满足于情绪感染而想了解具体纲要的人可以参考纳粹党的宣言"二十五点纲要"，其中包含了恶毒的种族主义、煽动性的民族主义和对魏玛政府政策及机构的全然鄙视。这些纲要被视为不可违背的纳粹主义信条，其中包含的东西事实上可以针对每一个人，所以相互之间矛盾百出，含义模糊，纳粹党想要采取的任何行动都可以从中找到解释。纳粹党的哲学思想之贫乏，从它的一位演讲者的话中可见一斑。这位演讲者不经意地对一群农场主大叫道："我们不想要更高的面包价格！我们不想要更低的面包价格！我们不想要没有任何变化的面包价格！我们要的是国家社会主义的面包价格！"

这种狂妄之辞很少有人听得进去。但许多中产阶级人士却很赞赏纳粹党对社会民主党的强有力的反对——社会民主党控制着魏玛政府，要他们对战后变得很糟的一切事情承担责任。纳粹党的爱国主义和军国主义思想极大地吸引住了那些无法忘记德国战前帝国荣光的人。最重要的一点是，纳粹党一直在许诺要结束经济大萧条。

卡尔·多勒凝视着橱窗里他买不起的那些衣服。一套新衣服的价格比他一家人每月64马克的开支还要高。

处于地狱边缘的失业者

　　当儿子赫伯特于1930年出生时，卡尔·多勒已连续5年没有一份正式的全职工作了。身为400万德国失业工人中的一员，多勒有充裕的时间带着他的孩子在他土生土长的汉诺威市的狭窄街道上和郊区找活干。赫伯特多年以后回忆道："他在自行车上为我安装了一个小座位。每天我们都要出去。"

　　老多勒好像命中注定要在不得已的闲散和令人揪心的贫穷中度过他一生中最年富力强的岁月。他的职业是修理工，靠给人修自行车和偶尔打零工补贴一家人每月那点微薄的福利金。

　　要不他就干脆无聊地打发着时间。下面这些首次刊登在1932年一份杂志上的照片恰当地记录了他的生活。这一取名为"几百万中的一个"的系列图片反映了生活在底层的德国失业工人的默默绝望之情。

　　最后，上台执政的纳粹党和重新装备军事创造了工作机会，挽救了精神几近崩溃的失业工人。多勒把他长期以来信奉的社会主义信条隐藏起来，开始了他在本地一家飞机制造厂的工作，默默地接受了他在新秩序中的这一位置。

多勒在他的住房外组
装一辆自行车。他生就一
双巧手，能把自行车旧零
件组装成一辆新车，然后
卖出去以增加收入。

两岁的赫伯特在他自己的小椅子上
吃饭，而他的父母在厨房的餐桌上吃。
通常，多勒一家的主食是蚕豆、大麦或
萝卜，这些东西是花15芬尼在本地的贫
民流动厨房买来的。

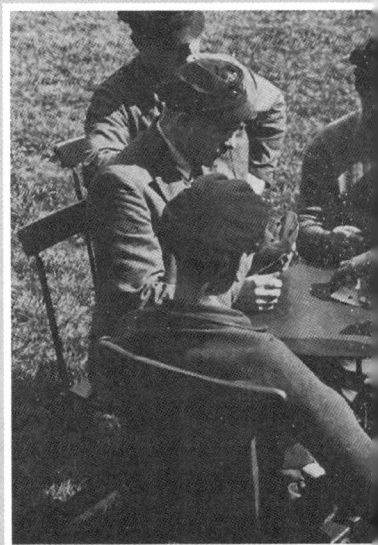

多勒和他的朋友们在"工人体育俱
乐部"外面玩扑克牌，这是汉诺威失业
工人中较为流行的一种消遣方式。

这幅照片反映了内心中的孤独——到 1932 年时已经失业 7 年的多勒忧郁地坐在厨房里。

卡尔·多勒充满慈爱地牵着他儿子的手臂走在汉诺威最古老的街区里。

诺特海姆一家报社的记者回忆说："大多数加入纳粹党的人之所以要加入，是因为他们想要找到一个马上能解决经济问题的答案。另外，人们也想要一个强硬、敏锐、明确的领导核心——他们已厌倦了议会制政党政治的长期政治冲突。"

在1930年9月的全国大选中，纳粹党获得了将近650万张选票，仅次于社会民主党，成了德国名声最大的党。在诺特海姆，1928年纳粹党候选人得到的选票是123张，现在他们是1742张，占了总投票数的28%。全国范围的成功带来了更快的增长；仅仅在3年时间里，纳粹党员人数从大约10万上升到差不多100万，而地方党支部的数量增加了10倍。新党员包括工人（近一半是失业工人）、农民和中产阶级的职业人员。他们比那些老保守派分子接受过更好的教育，也更年轻（他们中间有整整70%的人还未满40岁），在纳粹党发展的头10年中，他们一直是该党的中坚力量。纳粹党给人的印象是年轻、强壮、纯洁，而不是一个充斥着衰老、虚弱、腐败的组织。

到1931年5月时，诺特海姆已有191人加入了当地的纳粹组织。尽管只有1/3的党员是城里人，而其余的都来自周边的乡下，他们的组织已经很强大，足以影响城里的事务。那年夏天，全国的银行开始摇摇欲坠了，于是，中央政府不得已宣布银行放假。在诺特海姆并没有出现普遍的恐慌，只是一家当地的合作银行倒闭

了，后来一家银行的支行关闭了。城里的保守派中产阶级人士变得越来越担心了。

随着魏玛政府在1932年日趋瘫痪，它越来越不顾一切地举行了一次又一次的大选，希望在国会里组建一个大多数党在内的联合政府，以履行政府的基本职能。无论在诺特海姆还是在德国其他地方，这些选举都伴有纳粹党的狂热政治和暴力特征。穿着制服的"冲锋队"

1932 年，戴着头盔的市政警察搜查兴高采烈的"冲锋队"队员，看他们身上是否藏有武器，然后才允许他们进城。希特勒当上总理后，取消了这一类限制，放手让武装的"冲锋队"去反对纳粹党的任何敌人。

队员（纳粹党的警察）都很残忍。当时，在诺特海姆只有大约 50 名这样的"冲锋队"队员，但是，当要举行庆典或策划暴乱时，就会从周边地区调派更多的人来，使人们以为在诺特海姆有好几百名纳粹的街头斗士。诺特海姆的一位妇女回忆说："纳粹分子给人一种精力充沛、不安分的感觉。你会经常看到人行道上涂着卐字饰，纳粹分子散发的传单弄脏了街道。我能感觉到这个党的

27

力量，尽管它有许多方面颇值得怀疑。"

正是在像诺特海姆这样的城镇里，纳粹党赢得了它的大批成员。虽然在全国范围还未赢得过大多数，纳粹党却变得越来越有影响，任何为了结束政府危机而组建的行之有效的联合政府都少不了它。1933年，控制着政府内阁的德国保守派分子决定廉价地把希特勒收买过来，以利用国家社会党为他们自己的事业服务。1月份，兴登堡总统很不情愿地任命希特勒为德国总理，邀请他组建联合政府。然而，希特勒却解散了国会，又召集了一次全国大选，他使人们相信，凭着总理的权势和他领导的党变得日益强大，他有能力铲除一切反对力量。

在诺特海姆采用的那些宣传战术具有典型性。在普鲁士州内务部长赫尔曼·戈林的命令下，诺特海姆的警察以防止暴力为借口，禁止左翼人士进行公开游行活动。警察为了所谓的"禁书"搜查了一些共产党员的住处，并没收了社会民主党的最新一期报纸，因为上面登载了一篇讽刺希特勒的文章。2月份，当社会民主党分子试图在诺特海姆的集市广场上举行一次集会时，警察把他们驱赶到附近的一家啤酒馆里包围起来，而与此同时，国家社会党分子在外面的大街上趾高气扬地挑衅。这是诺特海姆的社会民主党分子在第三帝国期间最后一次试图召集大会。意思很清楚：纳粹党不打算容许任何反对派。社会民主党感到彻底失败了。当天晚上，一位名叫赫尔曼·舒尔茨的社民党分子小心翼翼地把自己的党旗

在 1933 年纳粹分子刚上台后不久，"冲锋队"队员守在一旁，强迫纳粹政府的反对派分子擦洗建筑物上的反希特勒标语。

折叠起来，放进一个咖啡罐，然后悄悄把它埋在地里。

2 月 27 日晚，一名纵火犯烧毁了柏林的国会大厦，希特勒坚持说是共产党干的，是新一次工人革命的信号。第二天，他劝说兴登堡总统签署一项紧急状态令，取消所有的公民自由。没有任何法律束缚的希特勒派遣他的"冲锋队"大肆逮捕反对派分子，关闭他们的出版社，没收他们的宣传材料，解散他们的集会。在 3 月份的大选中，纳粹党与他们的民族主义党盟友一同赢得了 52% 的选票，在国会里占据了绝对的势力。不到 3 个星期之后，希特勒迫使国会通过了《授权法》，使他的内阁具有直接赞同法案、制定预算、缔结对外条约和修正宪法的权力。德国的民主政府时代完结了。希特勒首先考虑

的是把德国变成他实行独裁统治的安全所。他要让全德
国及其所有机构都完全纳粹化；他把这称作"协调一致"。
他首先命令各州的立法机构与国会的结构一致起来，这
样纳粹党就可以控制住每个地方。很快，一切都变得明
显了。希特勒不仅要让他的党成为德国的领导党，而且
要成为唯一的党，不仅要把他的意志强加于政府制定政
策方面，而且要强加于政府职能的各个方面，上至国会，
下至地方的警察局。仅仅要他的党和他的政府不折不扣
地服从他、忠实于他，这还不够；他要德国的各种组织
机构同样地服从他、忠实于他。

　　希特勒不会一夜之间取得彻底的控制权。公众对
他夺取权力的最初反应是，他很不体面地匆匆分享了
胜利的果实。到 1933 年 4 月底，纳粹党的人数增长了
150%，达到 150 万。然而，对于纳粹党来说，新得到
的胜利与过去的失败一样不堪重负。关于新的德国何去
何从这一问题，纳粹党内部一直观点分歧。然而，正是
因为计划比较模糊，纳粹党可以让不和得以平息而专注
于首要目标——赢得对政府的控制。不过，在获得政治
控制权后，理论上的分歧又变成严重的冲突了。

　　例如，纳粹党的地方长官们认为他们将领导党，
并进而领导新的国家。然而，他们发现自己不得不与新
的党员竞争，这些新党员的人数在某些地区以 4 : 1 的
比例超过他们。作为新一代党员的"冲锋队"队员们始
终鄙视政治和搞政治的人，他们相信"冲锋队"终将接

管国家的正规军，掌握国家实权。与此同时，纳粹党的另一支势力——海因里希·希姆莱的"党卫队"——想成为国家的警察力量，想控制全国人的活动。除了这些部门外，纳粹党的一些附属组织也蠢蠢欲动。身为纳粹分子的医生们、律师们、公务员们以及其他人都建立了自己的官僚机构，都加入了争夺权力的斗争之中。

每个组织都认为自己是在完成希特勒的旨意，都想从他那儿寻求支持。当他没有像他们所期望的那样做出反应时，他们都会觉得困惑。他们不怀疑他从来就不打算让他们真正分享什么权利。希特勒决心不想让任何个人或群体有机会挑战他的领导地位，他的一个防范措施是，让他们陷入一种含糊不清、反复重叠的圈子里，对这个圈子很少有人能搞懂，更不用说能控制了。各种事情纠缠在一起，毫无解决的希望，没有人能肯定谁将制伏谁。甚至到了1943年，一位纳粹地方长官还公然违抗"党卫队"的队长。他说："希姆莱不能给我发任何命令。如果有什么事情要命令的话，希特勒会这样做，我会服从他的。"这正是希特勒一直所希望的：任何人的行动不管怎么说都不能违背元首的意志。然而，尽管希特勒积聚了令人嫉妒的所有这些权力，他却非常反感直接发出命令或做出选择。

"希特勒不愿做出决定，哪怕是很小的一个决定。"他的一位关系甚密的下属这样写道。元首觉得要解雇任何一个人都几乎是不可能的；因为就同样的工作给另外

1933 年 4 月 1 日正午，在汉诺威，一群人观看一名纳粹分子敏捷地把一面卍字旗插在工会大楼的房顶上。此前几分钟，一支"党卫队"小分队刚刚袭击了这座大楼，扯下了社会民主党的旗帜，并在外面的人行道上把它付之一炬。右图：马格德堡市的"冲锋队"队员正在看着一面反对党的旗帜在市政厅前的台阶上燃烧。

一个人完全一样的权力可要容易多了。无论是国家事务还是党内事务，希特勒都喜欢让他的下属们争吵不休。只有在一切不和的意见消除之后，部长们才能递交报告让他签字。希特勒只在万不得已的时候才召开会议，而一旦真的开会时，任何人都不得提出不同意见，除非得到特别许可。当希特勒不在场时，这些部长们是不能碰头开会的，即便是非正式的啤酒聚会。希特勒害怕他们形成阴谋集团来对付他。

希特勒对开会的反感使他的每日大型非正式午餐成为官僚们获得他个人支持的绝好机会。在饭桌上，纳粹党的领袖们都试图把话题引向自己所期望的方向，他们深知，希特勒口中的一句话可以被解释成一项命令。然而，提出何种话题也是要冒风险的；一句话，如果与希特勒的固有观点相左，就有可能危及自己的仕途。

1936 年，纳粹党在德国已形成 31 个区，各区的组织工作由所谓的纳粹地方长官负责。许多纳粹地方长官毫无从政经验，他们的不称职造成了可怕的后果。

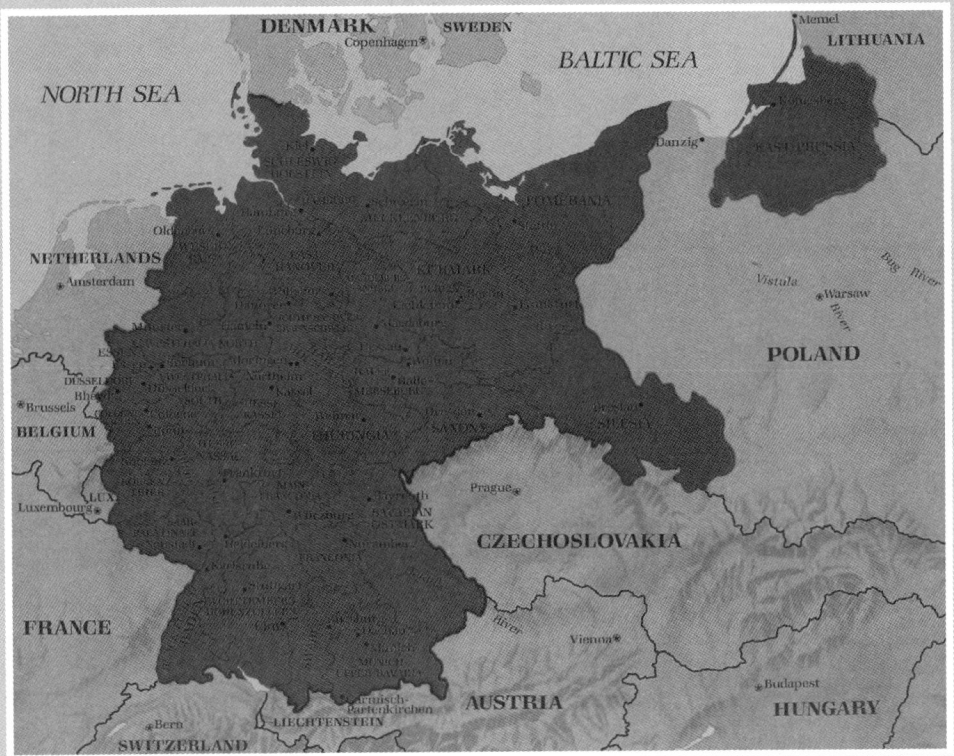

这种缺乏明确方向的结果造成全党乃至全国各个机构人浮于事、效率低下。照一位纳粹地方长官的话说："几乎每一件事情都至少要在两个部门、有时是三个部门办理。"同样，在处理政府事务时，希特勒经常忽视现存的机制；他给他所偏爱的一些个人特殊的权力，以便完成特殊的任务。例如，他不去咨询帝国的交通部，却让弗里兹·托德（一位土木工程师兼希姆莱手下的上校）负责"全面监督德国的公路，目的是要建设一个大规模的高速公路网"。托德拥有交通部长的许多权力，行使充分的立法权，控制着全国的建筑行业。托德很快成了一个令人震慑的领主。

那些比托德更亲近希特勒的人得到的权力范围更大。赫尔曼·戈林集一大堆头衔于一身——普鲁士州州长兼内务部长、帝国航空部部长、帝国林业部部长及狩猎主管。但这些头衔并不足以说明他的权力范围。他不仅控制着空军，而且在外交部都不知晓的情况下代表元首进行对外谈判。戈林在航空部的研究局专干窃听政府官员电话、截获外国外交通讯信息的勾当。这个研究局雇用了几百名技术人员，但他们没有一个与航空研究有任何真正的关系。1933 年，希特勒任命鲁道夫·赫斯（与希特勒一同坐过监牢并为希特勒《我的奋斗》一书作过口授记录）为副元首。赫斯伙同他那位精明强干、野心勃勃的助手马丁·伯曼，以为他有权在党内建立一种至高无上的权威，以控制社会的各个方面。但希特勒马上削弱了赫斯的权力，提升罗伯特·莱伊（后来成功地使德国的工联组织纳粹化）为纳粹党的组织部长，地位与赫斯平起平坐。这两个人物在整个 30 年代一直激烈争斗，都想赢得上风。由于如此争斗纠缠，他俩对希特勒都未构成威胁，而希特勒从不插手去解决他们的争端。

在这一切纷乱的争斗中，总得有人来处理日常的、单调乏味的政府事务。这一责任落在了公务员头上。其中最杰出的公务员官僚是帝国的总理府秘书长汉斯·拉默斯。他是一个秃顶的、面无血色的人，他通过控制大量的需要付诸行动的国家文件积聚了巨大的权力——这一工作很少有纳粹分子能够胜任。拉默斯及其手下十多位公务员每天要处理大约 600 份文件，确保各种表格正确填写和官僚机构的繁文缛节得到遵守。

希特勒并不欣赏这样的工作效率和繁文缛节，他很鄙视这一套。他说，"公务员制度是平庸之辈的庇护所，"并认为一个官僚主义者"一定是一个天生有缺陷的人，要不就是一个被习惯扭曲变形的人"。他的这一态度以及他那随意任性的统治方式造成了好斗的纳粹党坚定分子和一直享受着较高地位的职业官僚分子之间的摩擦。自从腓特烈大帝时代以来，公务员制度已在德国政府里占据了两个世纪的显赫地位。若想获得高层职位，必须具备博士学位，通过严格的考试。一旦成功地当上了官，就终身为官。因此，大多数公务员收入稳定，瞧不起政治上的争权夺利，而且他们思想保守，具有民族

刀光剑影,
五花八门

1933 年 12 月 15 日,
"冲锋队"准许其队员携带
一种新式佩刀——一种文艺
复兴时期风格的匕首。其他
纳粹组织很快效尤,不久,
连穿着制服的各种公务员也
纷纷有了他们自己的短刀。
希特勒对自己的追随者们的

徽章标记非常感兴趣,他大
力支持设在索林根州的、享
有世界盛誉的德国制刀联合
企业,其中许多设计是经他
亲自同意才制作的。

大多数新式设计都是出
自该州商贸学校的那些学生
和老师之手。某一种设计图
案一旦被选中,将送到"帝
国商品中心"进行最后审批。
只有经过审批的,各组织成
员才能购买和佩带这些新式
武器。

"帝国劳动服务公司"的砍刀

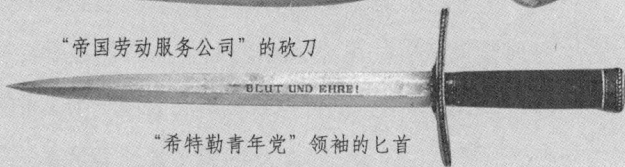

"希特勒青年党"领袖的匕首

"德国国家狩猎协会"的佩刀

"红十字会"领袖的匕首

"德国防空联盟"下级领袖的匕首

消防大队队长的佩剑

37

主义倾向。作为一个群体，他们接受纳粹党关于国家至上的宣传，但却无法赞同纳粹党的狂热和激情。大多数纳粹党员，包括相当一批老党员，都怀疑公务员们是一个对人民社区理想没有多大积极性的自以为很优越的群体。纳粹党领袖们害怕这些官僚分子的势力，考虑用纳粹党中可靠的成员来代替他们，至少取代他们中的上层人物。

然而，要实施这一想法却很艰难，因为根本没有足够的合格的纳粹分子来管理政府的各个部门和机构。倒是有不少纳粹党员很快获取了地方一级的官职：4000名小组领导和60%的区委领导当上了他们各自所在城市的市长。不过，这些纳粹党官员缺乏管理一个工业国家所必需的教育和经验。他们中的大多数连最基本的一些政府事务都处理不了。正因为如此，很少有纳粹分子爬到政府的中上层。在纳粹统治5年后，帝国的38个部中只有5个由纳粹党员控制——而且这5个都是在1933年后才上任的。此外，这些纳粹党员一旦承担政府责任，他们首先效忠的是国家，其次才是党。早在1933年，赫尔曼·戈林在任命政府官员时就拒绝与党协商。

当一名纳粹分子取代一名职业的公务员后，工作效率和精神风貌往往骤然下降。例如，当那位负责邮政部和交通部的保守派天主教徒埃尔兹·冯·鲁本纳赫被解除这两项职务后，情况就是如此。作为1933年联合政府内阁的留任官员，埃尔兹确保他所负责的两个部门继续高效率地运行下去。希特勒图一时慷慨，要授予他纳粹党的最高荣誉——金色党徽。埃尔兹以为接受这一党徽的人必须是纳粹党员，便犹豫着不想接受。盛怒之下的希特勒强迫他辞了职。两位坚定的国家社会党分子接管了这两个部门，但不久便开始争吵起来。尽管组织机构涣散，纳粹分子发现他们只有在两件事情上意见一致：反对犹太人，反对党干预他们各自部门的事务。

内务部是第三帝国期间确定一切事情是否合法合理的权力机构，它也成了国家社会党和公务员之间斗争的主要战场。希特勒的内务部长是威勒姆·弗里克，他是慕尼黑的一名前警官，在1923年"啤酒馆暴动"之前就与希特勒是朋友。弗里克是一个安静的人，他更喜欢与文件堆而不是与元首身边的那些吵闹不休的人打交道，他很快成为抵制纳粹党侵蚀的公务员中的一名勇士。

1933年4月，弗里克的内务部提交了《重新建立职业公务员法》，这是他试图限制政府进行大清洗的一大举措。这项新法案虽然规定要开除犹太人、共产党分子和社会民主党分子的公职，但并没有要求一名公务员如果不加入纳粹党就必须被开除。因此，全国150万公务员避免了一次大规模清洗，只有大约5%的公务员因种族或政治原因丢掉了工作（尽管随时存在的开除公职的威胁使剩余的公务员感到压抑和沮丧）。

在希特勒统治下的德国，这样有限的立法上的胜利是很稀少的。一个更能代表第三帝国时期混乱的立法过程并造成不幸结果的例子是 1935 年纽伦堡法律的问世。自从希特勒上台后，纳粹党中的强硬派种族主义分子一直要求加大对犹太人的迫害，尤其对犹太人开设的商店和公司进行货物抵制。希特勒是反对货物抵制的，因为他担心这样做会危害经济，然而，全国各地的国家社会党下层党员却组织起来，肆意袭击犹太人的商店。很明显，希特勒现在必须就这一问题阐明一项政策，否则，他的党有可能失去控制。

　　在出席 1935 年纽伦堡的纳粹党年会之前的那个夜晚，希特勒觉得他准备的发言稿缺乏力度。他把弗里克

1933 年，一名"冲锋队"队员（左）和一名"党卫队"分子联合行动，在一家商店的橱窗上张贴海报，要求德国公民不要买犹太人的商品。

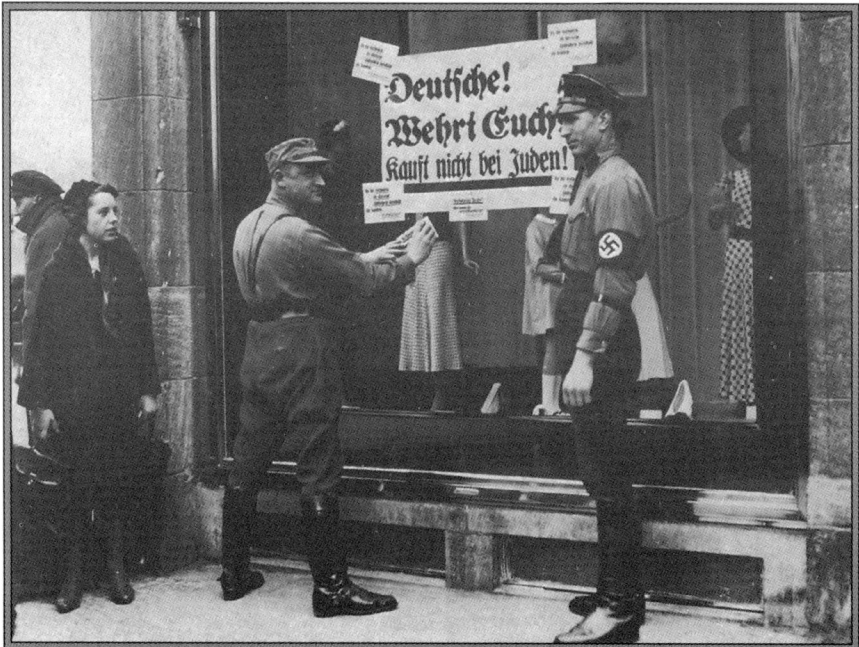

叫来，因为内务部负责处理公民问题，当然也包括犹太人地位的问题。半夜，希特勒命令弗里克起草一份有关压制犹太人的新法律。按照弗里克的理解，元首要求"用简练有力的文字表现出对具有德意志血统的人的偏袒"。

　　然而，希特勒的期望远不止于此，那天晚上，他否定了好几份稿子才得到他想要的效果。在第二天上午的集会上，希特勒颁布了两项法令，第一次用国家政策的合法外衣把他那偏激的反闪米特主义包装了起来。第一项法令剥夺了犹太人的公民权，只有具有"德意志血统或近亲血统的人"才享有公民权。第二项法令，叫作《德意志血统和德意志荣誉保护法》，禁止犹太人和德国公民通婚或婚外性关系。通过禁止犹太人雇用任何年龄在 45 岁及以下的德国妇女做家庭佣工，另外通过剥夺犹太人展现他们自己民族色彩的权力，进一步巩固了德意志荣誉。这些前所未有的法令一夜之间在希特勒的脑海里突然产生，好像在警告大家犹太恶魔已正式出现了。在政府其他部门，希特勒对司法系统的参与也是随意任性的。他很明显不打算改变民法体制，以免影响遗嘱或商业合同一类的东西。刑法是另外一回事。凭借一些必要的法案的支持，他不仅能剥夺他的那些对手们反对他的权力，还能剥夺他们的自由乃至生命。除了立法之外，他当然还需要法官们和律师们的一致服从。

　　像公务员系统一样，司法系统也是一个关系网密切、受过教育的精英阶层，他们那些趋于保守的极权主

义思想观点与纳粹党的教义相去不远。尽管法官们身处一个有学问的职业阶层，对纳粹主义也并不反感，但他们还不至于成为希特勒的帮凶。所有的德国律师被要求加入纳粹党的律师协会，服从该协会的奇特纪律。所谓的荣誉法庭对那些不愿做希特勒式举手礼的会员大加挞伐，并取消那些不愿在国会选举或全民公决中投票的人的律师资格。受到新政府的司法改革破坏的法庭程序完全被颠倒了过来。一位律师的客户如果在宣誓后仍然说谎，那这位律师有可能被指控犯伪证罪。一位法官的行

在汉堡，一名犹太男人和一名非犹太女人因为被指控同居而被迫戴上牌子，以示他们违反了 1935 年制定的反闪米特人的《纽伦堡法》。那位女人的牌子上写着："我是最下流的猪，只能与犹太人发生关系。"那位男人的牌子上写着："作为一名犹太人，我总是把最漂亮的德国姑娘勾引到我的卧室。"

为如果不是符合"国社党的国家利益"，那他有可能被强令退休。

国家公诉人的地位大大提高了，而辩护律师的地位下降了。公诉人接管了法官的一些职责，如审查被告人写的信件（甚至写给辩护律师的信件）、授权监狱探视、处理上诉请愿等。最后，司法部的一名官员终于走出来说，"既然国社党和司法不能够分隔开来，那法官和国家公诉人之间也不应该有任何区别。"的确，在一些案例中，公诉人实际上握有双权，既定罪（通常都是有罪）又判刑。死刑的范围增大了。1933 年，在德国只有 3 种罪被处以死刑；而 10 年后，增加到 46 种罪。然而，犯罪的性质往往不是考虑的主要因素；一个骗子被处以死刑，是因为以前的某一次判决已经让法庭相信，他再也不会成为"人民社区里的一名有用的分子了"。

不仅加强了刑罚，而且还构想了一些新的罪名。如果一个人在行为上反映出对希特勒和纳粹分子缺乏热情，那就会被认定为违法。"党卫队"和"盖世太保"把人们纷纷赶进集中营，因为他们看上去像犹太人，因为他们被邻居告发是犹太人，或者仅仅因为他们好像值得怀疑。一次，威斯特伐利亚的一位 64 岁的老太太坐在咖啡店里对她的同伴说："墨索里尼一只靴子里的政治意识比希特勒脑子里的政治意识还要强。"一位偷听到这次谈话的人打电话告诉了"盖世太保"，5 分钟后，"盖世太保"前来逮捕了这位不幸的妇女。1932 年，

250人被判犯有煽动叛乱罪；而在次年，即希特勒上台后的第一年，被判犯有叛国罪的人总计达9529名。

1933年，人身保护权被取消，自此，德国公民可以不经审判而受到无限期的监禁，这使"盖世太保"可以自由地对人民实行所谓的"保护性监禁"。这种惩罚方式一经流行起来，便使德国的监狱人满为患；当局不

在1936年10月1日的一次强制性的宣誓仪式上，柏林刑事法庭的法官们穿着卐字饰和雄鹰饰的法官袍服，举臂行纳粹礼，宣誓效忠于阿道夫·希特勒。

得不通过对成千上万的短期囚犯实行全面大赦来缓解这种拥挤的状况。然而，被释放的犯人经常被秘密警察重新抓捕，再次投进监狱。

希特勒本人很藐视德国的司法体系，他在 1934 年 6 月底把这一态度表现得淋漓尽致。看到"冲锋队"的领导们变得越来越肆无忌惮，想要获得更大的权力，希特勒便对他们进行了一次大清洗。被清洗的对象没有任何寻求保护或接受审判的途径，清洗行动也不仅仅局限于"冲锋队"。近 200 名在此之前得罪过希特勒或其亲信的人被直接揪出来给予处决。后来，国会使这些谋杀行动合法化。纳粹党内部的异己分子得到了平息，国会保持了中立态度，官僚阶层也受到了适当的震慑，希特勒到 1934 年中期时已牢牢地控制住了德国。诺特海姆的纳粹化过程并没有花那么长的时间。到 1933 年 5 月，全城 1/5 的成人（1200 人）加入了纳粹党。并非每一个人都是自愿参加的。有些人，如县警察局长奥托·冯·舒伦伯格，几乎没有什么选择。身为纳粹分子的县长瓦尔特·斯泰内克把一枚卐字饰别针扔在舒伦伯格的桌上，对他说，"把这戴上！如果你不戴，明天你就别想当警察局长了。"其他一些人受到的压力虽然不是那么直截了当，但也同样有效，这压力来自他们自己的家庭。一位居民回忆说，妻子们"专门出去买一件褐色衬衫，要她们的男人穿上。"

厄内斯特·吉尔曼很快就接管了这座城市。在准

备 1933 年 3 月的国会选举过程中，他加倍努力，控制
住了被视为共产主义者或马克思主义者的团体和个人。
在 2 月 28 日国会纵火案的次日，他授权本城的"冲锋队"
队员携带枪支武器。第二天，30 名"冲锋队"队员在
他的授意下宣誓成为协管警察。

控制住各反对党派后，吉尔曼开始进行诺特海姆
城上千年历史中从未经历过的最激烈的一次政治运动。
集市上的高音喇叭播放着希特勒的讲话；穿着统一制服
的"冲锋队""党卫队"和"希特勒青年党"在大街上
列队走过；火炮和篝火照亮了夜空；在星期天的选举日，
载运着政治传单的飞机从头顶低空飞过。当宣传活动结
束后，本城 63% 的选民投票支持国社党。一周之后，
选民们在地方选举中推选吉尔曼和其他 14 名纳粹分子
进入 20 名成员组成的市议会。剩余的 5 个席位属于社
会民主党。像希特勒一样，吉尔曼并不满足于大多数——
他要的是绝对的、无可争辩的权力。他派人逮捕了一名
持反对意见的市议员，采取巧妙手段说服另一名投纳粹
党的票，还强迫第三个辞职。他自己当上了副市长，任
命所有的市政委员会委员，拒绝社会民主党委员在委员
会会议上发言。剩下的两位持不同政见的议员在一片灰
暗中支撑了 3 个月，直到社会民主党最后被一项国家法
律解散，他们俩也被迫辞职。吉尔曼任命两名纳粹分子
接替了他们。

吉尔曼的下一个目标是纳粹党所谓的"大清洗行

在 1933 年 6 月反映达豪集中营早期情况的一张照片上，囚犯们在营地外面溜达。

达豪镇：一个
邪恶的样板

1933 年 3 月，希特勒上台后不到两月，在巴伐利亚州达豪镇的附近匆匆建起了一座监狱，这座设在一家废弃的枪炮厂的监狱以前是一个临时性的家禽家畜圈养场。尽管简陋粗糙，这个监狱很快就关满了 2000 多名政治犯。其中一些是共产党员和反纳粹政府的军事敌对分子，另一些（并未犯什么错，只是在国会里反对了纳粹分子的议案）是社会工人党、天主教中心党、保皇党和一度占绝对地位的社会民主党的代表分子。

关在这座监狱里的囚犯们系统地遭到监狱卫兵的羞辱和毒打，饱受无休止的劳作，被迫害致死也是常有的事。达豪成了一个恐怖之地，一个纳粹分子对所有反对者实施暴行的、令人毛骨悚然的样板——在那之后，便是骇人听闻的纳粹集中营的出现。

1933 年 5 月，达豪的一批新来者在排队等着接受审理。未经审判就被投进监狱的这些所谓的国家敌人不知道他们的刑期将会持续多长。一位卫兵回忆说："仅此一点，他们在监狱里的日子就是一种折磨。"

被投进监狱的纳粹政敌中有一些是社会民主党的高级成员，他们围聚着一张横幅，上面写着："我是一个有阶级意识的社会民主党大人物。"像这样的自嘲既是为了取悦达豪监狱的卫兵，也是为了贬低监狱里的其他囚犯。

1933年，达豪的囚犯们在用力推着一台巨大的压路机穿过营地里的操练场。使人累垮了腰的、通常毫无任何意义的劳作是达豪集中营以及后来其他集中营里典型生活的写照。

动"，针对的对象是城里的公务员。吉尔曼在两个月时间里解雇了45名公务员，占全城公务员总数的1/4，替换而上的都是纳粹党的忠实分子。与全国的情况一样，公务员的替换几乎没有改进城市的政务。一位当地的记者回忆说："纳粹分子在清理医疗健康保险署时，很自然地把那位信仰社会主义的公司经理(一名很能干的人)清理下来了。吉尔曼让一名刚刚从监狱里释放出来的纳粹分子接替他的位置，结果，这名纳粹分子在任期内出现了贪污行为。"

吉尔曼对那位市长采取行动时非常谨慎小心，但狂热程度并不见少。名叫皮特斯的市长是一位温文尔雅的老公务员，身为本城的主要行政长官已有30年之久。他也是一位经验老到的官僚，想在暴风雨来临之前主动屈服。他申请加入纳粹党，把工作重点放在平衡预算和管理政务方面，同时对吉尔曼赤裸裸的权利操纵持默认态度。

市长的忍让换来的回报是吉尔曼的肮脏阴谋，吉尔曼设计要迫使他辞职。开始，皮特斯拒绝让步，但他的抵抗徒劳无益。市议会最后通过一项决议，对市长投了不信任票，并宣布与他不再有任何"合作"。

与此同时，纳粹化进程正在深入到诺特海姆的每一个角落。铁路工会、公务员协会、工艺行会、射击和体育运动俱乐部以及医生、牙医和教师等组织机构都立即成了目标。每一个机构都被纳粹分子接管，或被一个

身体虚弱的卡尔·冯·奥西茨基在埃斯特维根集中营面对一名纳粹卫兵。这位未来的诺贝尔奖得主在这里受到他的捕获者们的残酷对待。

拒不妥协的
反对声音

1936 年 11 月 23 日，让希特勒感到恼怒的是，诺贝尔和平奖给了德国的新闻记者卡尔·冯·奥西茨基。这一选择是对纳粹政府的讽刺性叱责。作为 20 年代柏林的《世界论坛》周刊的出版商，奥西茨基曾尖锐地讽刺过希特勒及其追随者。他把他们称作"阿道弗斯·雷克斯"（阿道弗斯 [Adolphus] 是阿道夫 [Adolf] 的异体，雷克斯 [Rex] 有"国王"之意。——译者注）及其"滑稽戏小丑"，并且发现他们的那套理论是"一种恬不知耻的倒退，违背了

最起码的体面性和合法性"。

奥西茨基对那位纳粹领袖所鼓吹的德国军国主义思想同样给了猛烈的抨击。1929 年，他那篇揭露德国秘密重新进行军事装备的报道掀起了一道轩然大波，使他因叛国罪被判入狱。仅在希特勒上台之前几周被释放的奥西茨基拒绝逃走去寻求安全。他写道，一位流亡反抗者的声音"很快就会在他自己的祖国找不到回音"。

几个月后，纳粹分子再次逮捕了奥西茨基，并最终把他送进了埃斯特维根集中营。在那里，他受到了折磨，身体状况迅速恶化。他在国外的同志们得知他的情况后，动用国际舆论来营救他。1934 年，流亡中的"德国人权同盟"提议给

他授予诺贝尔和平奖。物理学家阿尔伯特·爱因斯坦、小说家托马斯·曼等国际名人都签名同意这一提议。为了阻止这一努力，纳粹党的宣传家们报道说，奥西茨基已皈依了国家社会主义。事实上，肉体折磨摧垮了他的身体，但并未摧垮他的精神。在被转送到一家州医院后，他得知他已获得了诺贝尔奖。然而，纳粹政府拒绝让他前去接受这一奖项以及随之而来的奖金，希特勒还下达命令，自此以后，德意志第三帝国将不再承认诺贝尔奖。

奥西茨基被转移到另一家医院，并于 1938 年 5 月 4 日死在了那儿，享年 48 岁。在被捕前写的一篇文章里，他警告德国人在他们急需的关头唤来了希特勒就是引来了灾难。他写道，"那个邪恶的魔鬼正在瓶中咆哮着呢。"

相应的纳粹组织替代，然后被迫解散。幸存下来的组织机构在其名称前都加了一个"国家社会党"。即便是本地的路德教派，自信他们对纳粹党的支持会带来回报，结果发现纳粹党要把各个教会组织也接管过去。纳粹分子开始获得路德教会的选举职位，并催促教会长老们加入"德国基督教运动"（一个支持纳粹党的渗透组织）。在500册"毫无价值的文学垃圾"被焚烧后，连公共图书馆也纳粹化了。

在诺特海姆，没有被纳粹化进程转化过来的人经常生活在恐惧之中。4月，一场为期4天的抵制本城犹太人商店的行动被宣布是对"诋毁"德国的"国际犹太人"的报复。这次行动使震惊的诺特海姆人明白，尽管纳粹分子在大选期间对反闪米特主义降低了调子，但他们现在并不打算这么做。一旦确定下来，城里120名犹太人中的大多数不得不委曲求全地成为二等公民。在非犹太人开设的商店前出现了这样的招牌，"纯基督教家庭企业""德国商人"等。后来，这些牌子上写着"犹太人不得入内"。

非犹太德国人也并不是安全无忧的。在吉尔曼的指使下，城里的警察大批出动，搜查他们认为不可靠的任何人的住房，逮捕他们怀疑不忠的任何人。这一切都是大肆炫耀地进行的，要让每一位德国公民都明白，官方的敲门声随时都有可能降临。当地的报纸刊登了政府在达豪的第一座集中营的图片，不久，又报道在离城6

英里的莫林根修建了诺特海姆县的第一座集中营。自从法国"恐怖统治"时期以来，没有任何政府表现出如此的恐怖程度，人们被鼓励去相互告发朋友和邻居以博取官方的好处。被迫加入"希特勒青年党"的学生们学会了告发自己的老师和家人。人们的普通谈话都是低声进行的，生怕有人偷听。人们相互提醒各自要小心点，言行举止都要符合纳粹风格。最简单的疏漏都有可能叫你丢掉工作，生意受到抵制，或者去一趟集中营。一位医生在一次聚会上抨击希特勒，第二天早上就有人告到了纳粹总部；告发他的人是他的女主人。一位居民说："社交生活大大减少了，你再也不能相信任何人了。"

在诺特海姆和德国其他每一座城市，纳粹党的街区管制活动使人们都得了疑心症。作为党内最基层的官员，每一个街区管理员要负责监视本街区 40 ～ 60 户家庭的事务。在他的家庭资料卡上，他记录着每个家庭的情况，如参加社团组织的人数、给纳粹党捐赠的钱数以及每个家庭本身存在的问题等。

这些对周围环境都很熟悉的管理员成了很有成效的内部间谍。一位纳粹官员曾写道："要想让街区管理员不知道自己的秘密是相当困难的，他会把他观察到的一切情况汇报给'盖世太保'。"不过，街区管理员的工作被认为是很低下的工作，一般只有那些找不到其他工作的人才去做。一位区委领导叫苦道："我们没有合适的人来做这项极其重要而又非常艰难的工作。大多数都是年老的人，身体有缺陷的人，智力比较低下、不够机灵活跃的人。"不是瞧不起他们，街区管理员们虽然收集了堆积如山的信息，但对纳粹党来说很少是真正有价值的。尽管如此，由于到处充斥着官方的和非官方的偷听者和告密者，由此产生的恐怖气氛还是让纳粹党在各地的反对派分子不敢轻举妄动。到 1933 年夏季，诺特海姆市不再有来自市政府、警察局、各派政党或其他任何组织的反抗的危险。9 月初，厄内斯特·吉尔曼宣布革命已经完成，德国和诺特海姆已牢牢地、不可改变地控制在纳粹党的权力范围内了。

自此以后，诺特海姆的一切事务步入单调乏味的日常轨道。纳粹党的大会、集会和庆典会继续进行，参加这些活动是强制性的。报纸上会刊出"诺特海姆全体居民必须到场！"人们不得不服从，但他们更多的是默认，而不是热情，为了生存下去，他们采用了必要的行为方式，尽可能地做到明哲保身。

纳粹党在诺特海姆和全国各地很快取得了胜利。由于不再有奋斗的目标，纳粹党停滞不前了。激情已过，政府职员们又开始过着追求职位升迁的平凡生活。年轻能干的纳粹党官员认识到，他们通过从政或参加"冲锋队"可以更好地实现职位升迁，因此，纳粹党的各政治机构中的空缺职位很快就被在其他部门找不到工作的人填满了。早期的积极分子对革命热情的消逝感到失望，因此退出了党或仅仅作为名义上的党员留了下来。一位区委领导在报告中说："那些'老斗士'们逐渐得出这样的结论，纳粹革命已被搅得乱七八糟，以前的成功正悄悄地受到摧毁。"到1935年时，1933年之前的纳粹党领袖人物已有近1/5退出了纳粹党。1936年元旦那天，希特勒呼吁国家社会党继续保持"革命热情"，但他并没有给自己的追随者们布置任何具体的任务。

纳粹党的官僚机构持续膨胀，工资单上的要求越来越高。纳粹党的地方长官们不得不加紧努力募集资金，但人们心里已越来越厌烦频繁的捐款活动。纳粹党多达25%的收入来自徽章和宣传材料的售卖以及捐赠（大多数通过威胁手段）。一位区委领导抱怨道："人们不愿意给政治领导们打开家门，因为害怕必须从他们那儿买些东西。"

随着纳粹党内道德风气日下，腐败现象滋生蔓延开来。1935年，帝国财政部长公布了党内2350例贪污案件。29名政府领导人不得不自杀；其他被牵连进去的纳粹党员被判决的刑期总计达573年。正如在其他很多方面，诺特海姆的例子是很典型的。厄内斯特·吉尔曼身为纳粹党的小组领导和诺特海姆城的市长，不仅收入相当可观，而且还任意挪用党的资金。捐款和党费不知去向，贷款项目无法解释。吉尔曼的下属们也从商人那儿捞取到不少好处。

诺特海姆的第一位纳粹党员威勒姆·斯潘诺斯看到这些事情时，心里越来越反感。他和其他几位朋友——

在诺特海姆受尊重的纳粹分子——虽然对暴力活动、种族主义和镇压行为可以默默地忍受，但他们无法忍受腐败。早在 1932 年 12 月，斯潘诺斯的一些愤愤不平的朋友要求审查吉尔曼的账本；正因为挑起这一麻烦，他们被逐出党外。然而，到了 1933 年夏季时，斯潘诺斯再也无法忍受了。他相信，凭借自己作为一名资深党员的地位和纳粹党上层人士的团结一致，他要针对吉尔曼提出多项腐败指控，以引起区委领导的注意。他还相信，调查的结果会导致吉尔曼的离职和地方党的纯洁。

然而结果是，斯潘诺斯及他在党内剩下的朋友们被传唤到区委的纪律检查委员会，并被指控犯有阴谋罪。虽然后来他们全部被宣布无罪（即间接地承认他们针对吉尔曼的指控是符合事实的），但并没有采取任何行动来约束那位小组领导。吉尔曼残酷无情，具有赤裸裸的权力欲望和威胁恫吓的手段，他正是纳粹党需要用来控制诺特海姆的那种人。

斯潘诺斯仍然是一名纳粹党员，继续收集针对吉尔曼的证据，他坚信总有一天元首会发现所发生的这一切的，并使事情拨乱反正。诺特海姆城的居民从斯潘诺斯坚持不懈的斗争中获得信心，他们坚信，一旦早期的一些过分行为过去后，国家社会主义的积极一面就会开始展现。结果他们徒劳地等待了许多年，还是失望了。

在1937年的一次集会上，纳粹地方高级官员信步走过诺特海姆的大街。走在前排远处右边的是纳粹党早期党员厄内斯特·吉尔曼，他是诺特海姆城大权在握的市长兼纳粹党长官。

一次自夸为时代
而作的设计

　　纳粹分子对壮观场面的热情最充分地体现在1923年至1938年间在纽伦堡举行的历次群众集会上。这座位于巴伐利亚州的城市是举行盛大集会的理想之地。她的公路和铁路交通都很便利，在她的42万人口中有一支强大的纳粹党追随者队伍。此外，由于纽伦堡曾是神圣罗马帝国（即第一帝国）的首府，她的历史给第三帝国的设计者们带来了灵感，使他们着手考虑要在这里建立一个适合举行盛大集会的场所。

　　1933年，希特勒宣布纽伦堡为纳粹帝国党代会举办城市，于是在该市南郊辟出一块6平方英里的土地作为永久性的集会场所。在这块土地上，修建了许多石头砌成的露天座位，最终出现的是一群非常宏伟壮观的建筑物：一座巨型体育场、一个很大的适合举行室内会议的党代会大厅以及一块巨大的适合举行军事训练的演练场。

　　主设计师是一个很有才华的、名叫阿尔伯特·斯皮尔的年轻建筑师，他的设计基于古典模式，只不过规模是前所未有的。"每次当我向希特勒展示我们至少在规模上已经'击败'历史上的其他伟大建筑时，我发现他的激动之情油然而生。"斯皮尔后来曾这样写道。

　　如果这项计划中的任何重大建筑物真正完工的话，它们在规模上都会超过古埃及和古罗马的伟大建筑：仅仅那座体育馆就会比巨大的胡夫金字塔还要大3倍。事实上，没有哪座巨型的建筑物完工，尽管成千上万的工人从1933年起就一直没日没夜地在工地上干活。1939年秋，大战的爆发使大多数修建工作停工。直到战后，这项工程的人力投入才得以弄清：至少有3万名从附近集中营调来的囚犯在为这些满足纳粹虚荣的未完工的建筑物开采石料时因劳累过度而死去。

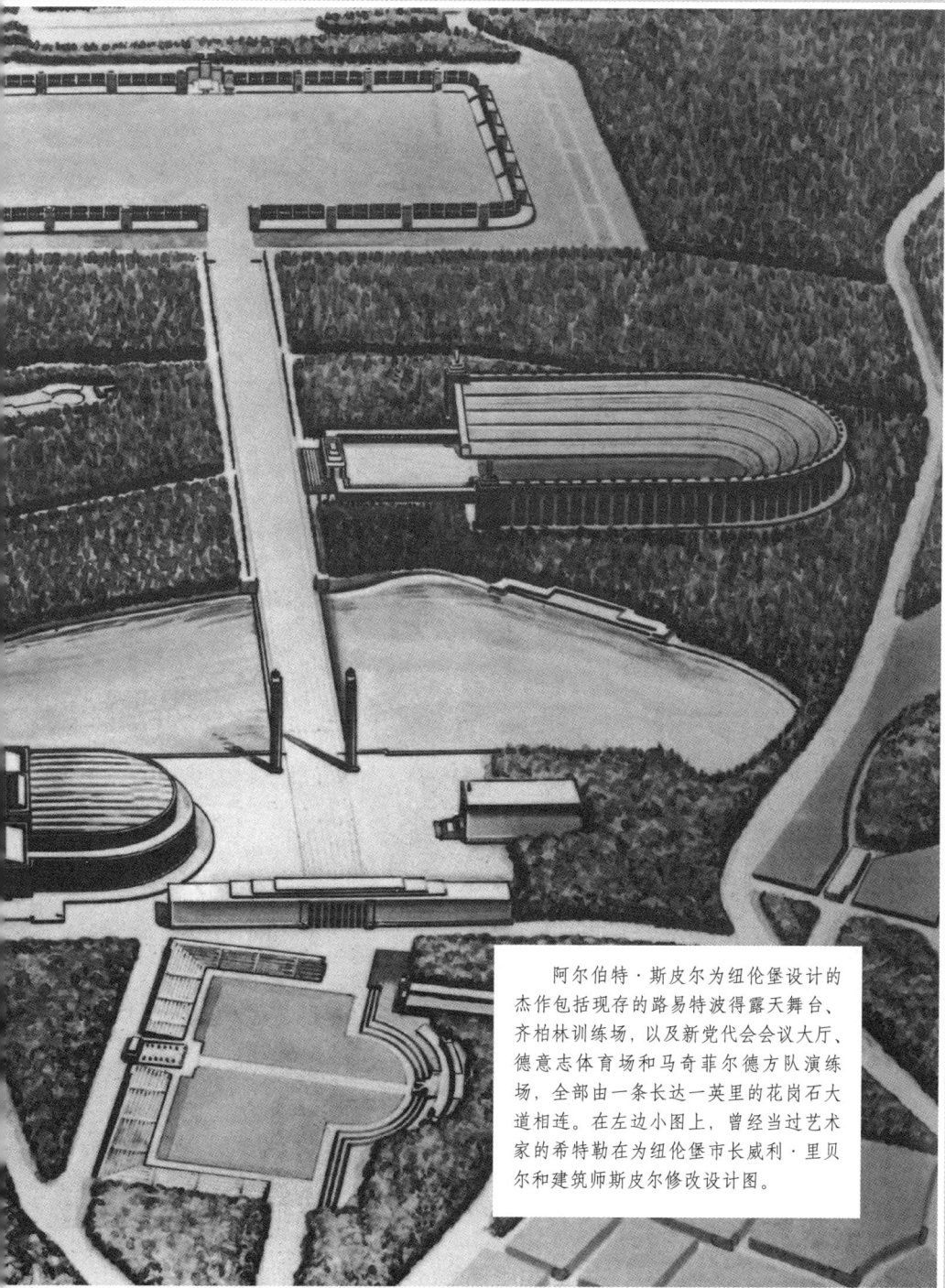

　　阿尔伯特·斯皮尔为纽伦堡设计的杰作包括现存的路易特波得露天舞台、齐柏林训练场，以及新党代会会议大厅、德意志体育场和马奇菲尔德方队演练场，全部由一条长达一英里的花岗石大道相连。在左边小图上，曾经当过艺术家的希特勒在为纽伦堡市长威利·里贝尔和建筑师斯皮尔修改设计图。

高高耸立的、被希特勒视为奥运会永久之家的德意志体育场有可能成为有史以来最大的体育场，将容纳40万观众。它那高达90米的顶边比纽伦堡市威严的大教堂还要高。按计划，将在顶边上安装一圈由希特勒起草设计的巨型火炬（见嵌入的小图）。

61

受古罗马圆形剧场的启发，设计能容纳5万人的新党代会会议大厅的中央为玻璃圆顶。由于这是希特勒在纽伦堡最喜爱的建筑，所以这项建筑工程在大战爆发后还持续了两年，尽管其他建筑均已停工。不过，完工的部分只有整个外部模型的头两层（见嵌入的小图）。

位于齐柏林训练场的有柱廊的检阅台（见嵌入的小图）是斯皮尔的纽伦堡设计项目中唯一完工的一项，它俯瞰的宽阔训练场可以容纳25万参与者。在1934年的纳粹集会上，斯皮尔用了130盏防空探照灯装点着训练场，营造出一种奇特的灯光效果，在130英里之外的法兰克福都能看见光亮。

一位电影制片人的
激动人心的贡献

莱尼·里芬斯塔尔拍摄的歌颂希特勒和1934年纽伦堡纳粹党代会的电影《意志的胜利》被

公认为世界上有史以来所拍摄的声势最大的纪录片。这部黑白电影运用了极富戏剧变化的灯光、不同寻常的拍摄角度、令人眼花缭乱的形象搭配和振奋人心的配乐。

在对这部电影进行剪辑时，里芬斯塔尔先把镜头对准中世纪风格的建筑物，然后切换到一只用泛光灯照明的雄鹰上，再然后是年轻的纳粹分子的脸庞。她把德国的历史与希特勒统治下德国的复兴结合在一起，飘扬的旗帜、纽伦堡巨型体育馆里的游行群众和"冲锋队"队员在镜头里相互交叠。当希特勒在进行蛊惑人心的演讲时，这位杰出的、颇通晓政治的电影制片人一次又一次地给元首留下特写镜头。

2. 操纵权术的大师们

电影最开始的镜头是整个一大片天空。一架银白色飞机从如山如浪的白云里破云而出。随着镜头的推移，一幅全景画面在飞机的下方展开，出现在眼前的是中世纪古城纽伦堡的尖塔楼阁。

飞机的阴影过处是一支穿着褐色衬衫的游行队伍。然后出现了其他街道，每条街道上都有迈着鹅步的游行队伍。最后，飞机着陆并慢慢停了下来。元首阿道夫·希特勒像一位从上天降临的神，从闪光的机舱里走出。欢呼的人群蜂拥上前迎接他。

这一系列镜头取自著名的宣传电影《意志的胜利》，它展现了 1934 年 9 月纳粹党代会的开幕时刻，这次大会吸引了 150 万德国人前往纽伦堡。在这样的群众集会上，有举着火把游行的队伍，有划破夜空的探照灯，有煽动人心的演讲和众口一词的"胜利"呼喊声，这一切构成了德国新秩序的重要部分。无论是直接地参与这样的游行庆典活动，还是间接地通过收音机和电影，成千上万的德国人都接受了这一条有意设定的信息：在不屈不挠的元首的领导下，第三帝国正变得强大和团结。希特勒的蛊惑宣传使德国公民们能在一个被经济萧条折磨的国度超然于残酷的现实生活之上。一份由政府的反对

约瑟夫·戈培尔曾写道："宣传跟真理绝对没有任何关系。"在这张照片上，他端坐于办公桌旁，身后的墙上是一幅希特勒画像。希特勒称他是"我的忠实的、不可动摇的持盾护卫"。

派分子于 1935 年从德国偷窃出来的报告说："人们普遍都在抱怨，但当纳粹党的演讲者在某次集会上点燃了他们的热情之火时，他们又会扯破嗓子大声呼喊。"

除了举办催人向上的公共活动和发行激励人心的电影外，纳粹党的宣传机构还有其他手段用来欺骗公众。摄影作品、艺术形象、印刷文字、演讲材料、音乐之声——一切都成了散布威胁和恐惧的工具，用以控制第三帝国每一个人的思想、情感和行为。当然，早在国家社会党于 1933 年接管德国之前，无数统治者（无论专制独裁者还是慈悲为怀者）都曾操纵过公众及私人的舆论。但是，没有哪个政府像纳粹党这样系统地、千方百计地要控制住每一种舆论表达方式。

尽管希特勒是纳粹宣传机器的真正天才，但他把日常宣传工作的权力交给他那位喜欢让人称作"博士先生"的天才徒弟——保尔·约瑟夫·戈培尔。戈培尔个子矮小，还不够 5 英尺高，体重也只有 100 磅多一点，但他是一个精力充沛的人。他长着一双大眼睛，笑起来

小约瑟夫·戈培尔和他的哥哥汉斯穿着节日盛装去参加天主教教堂的坚信礼活动。各种证据表明，约瑟夫和他的两个哥哥享有慈爱的父母和一种温暖和谐的家庭生活。

像魔鬼似的龇牙咧嘴，说话喜欢半真半假，说起谎来一点不含糊。为了培养未来的宣传家，戈培尔以一副玩世不恭的态度总结他说谎的诀窍："任何谎言，一旦说的次数多了，就会渐渐被人接受。"

戈培尔的玩世不恭思想源于他早年的艰辛生活和自卑情结。他于1897年出生在赖特（莱茵地区的一个纺织业中心）的一个虔诚的天主教家庭。他的父亲是一家灯芯厂的职员，省吃俭用，把家里所花的每一分钱都记录在一本蓝色的分类账目上。年轻的约瑟夫很厌恶这种小心谨慎、一分钱都抠得很紧的日子以及中下层阶级严厉的道德生活。

他也憎恨自己的身体。除了个子矮小外，他患有永久性的瘸腿症（可能是小儿麻痹症或骨髓炎引起的），使他的一条腿比另一条腿短3英寸。这一残疾使他在第一次世界大战中未能到前线服役，但他就此编造了一套故事，谎称他的瘸腿是在战场上受伤造成的。尽管他学业成绩优异，于1922年获得了海德堡大学的德国文学博士学位，但他想成为一名专业作家的梦想一直未能如愿。他写的小说、戏剧、诗歌以及大多数报刊文章都遭到出版社的退稿和拒绝。

1924年，戈培尔终于找到了他的职业。他成为一家时事通讯社的编辑，这家时事通讯社是包括纳粹党在内的右翼联盟主办的。不久，他成为格雷戈尔·斯特拉塞的助手，曾经是一名药剂师的斯特拉塞现在是纳粹党

的主要组织者和希特勒在党内的意识形态方面的对手。在为斯特拉塞工作期间，戈培尔非常得意地发现自己具有公开演讲的特殊天才。他曾写道："当我作为一名传道者、使徒或战斗号召者时，德国工人的灵魂就在我的手中，我能感觉到这灵魂就像蜡一样柔软。"他控制听众的巧妙能力引起了希特勒的注意，后者发起一项运动，想把他从斯特拉塞那儿争取过来。此前不久，戈培尔还把希特勒贬低为"小资产阶级"，并要求他退出纳粹党。但很快他却拜倒在希特勒的脚下，他在日记里动情地承认他对元首充满了敬佩。

在他的家乡赖特（科隆西北一小城），青少年时代的戈培尔双手交叉地坐在一群中学同学中间。他是一个很有天赋的学生，拉丁文和神学很好，但他的高傲使他在同学中人缘并不好。

有着明显瘸腿的戈培尔在柏林赶来上班。在20年代，他是柏林的纳粹地方长官，他倚仗自己的手下人多势众，与左翼政党激烈争夺政治上的统治地位。他曾对他的手下说："我们绝对不要再秘密行动了。让他们来诅咒我们、诽谤我们、攻击和毒打我们吧！让他们来议论我们吧！"

希特勒任命 29 岁的戈培尔担任纳粹党在柏林的区委领袖，给他讲解宣传的极端重要性。元首本人自 1919 年以来一直从事宣传这门艺术工作，他在战后的第一份工作就是担任巴伐利亚第一步枪团的政治教官。他对第一次世界大战中英国的宣传工作有很深的印象。英国发行大量的文字和图片，把一些虚构的暴行归罪于德国兵，事实上，正是这种手段决定性地影响了英国军人和民众的士气。希特勒在《我的奋斗》中写道，他从这一教训中学会了宣传"必须始终针对群众"，"必须概括为几个要点，然后不断地重复这几个要点"。希特勒还从昔日的敌人那儿接收了一条箴言："说谎话，谎话自会有效的。"

在希特勒的教导鼓励下，在重振死气沉沉的柏林党组织的愿望的驱动下，戈培尔很快成为一名不知疲倦的、不断创新的宣传家。他推出醒目的海报，出版简易的册子（如《国家社会党党员 ABC 须知》），创办纳粹周刊《进攻报》，专门抨击讽刺犹太人和马克思主义者。他挑起与共产党人的争斗，然后故意让他那些受伤

戈培尔是一名演讲大师。演讲时，他的声音圆润洪亮，时间掌握得特别准，手势丰富多彩（如上面系列照片所示）。他有时一次性地连续几个小时在一面三棱镜前练习讲话，直到达到满意的效果。希特勒曾说戈培尔是唯一让他听着不会入睡的演讲家。

的、裹着绷带的"冲锋队"队员以英雄身份在纳粹党的集会上登场亮相。他让人在电影院里放置小白鼠和无毒蛇，以此扰乱美国拍摄的反战影片《西线无战事》的首映式。他把赫斯特·威塞尔的悲惨故事编成一则英雄神话（威塞尔是一名年轻的"冲锋队"队员，因为感情纠葛被杀）。他还把威塞尔写的一首很粗糙的行军歌曲升华为纳粹运动的赞歌。戈培尔声称，只要能成功地引起注意或赢得支持，没有任何宣传是"太粗糙、太低下、太残酷的。人民喜欢被哄骗"。

1930 年，希特勒把戈培尔提升为纳粹党的宣传部长，这是元首本人此前一直在担任的一个职位。戈培尔在担任柏林的纳粹党领袖期间，在纳粹党的一系列选举活动中起着非常重要的作用。他为希特勒编造了一个神话，说他是弥赛亚救世主，将把德国从犹太人和马克思主义者手里拯救出来。戈培尔最后还用一种悦耳的三位一体的形式表达了这一神话：一个民族，一个国家，一个领袖。

1933 年 3 月 13 日，即希特勒当上总理后 6 周，戈培尔因表现出色而得到了回报。他被任命为新成立的公共教育宣传部部长，得以进入希特勒的内阁。这个部把以前分散在好几个政府机构的职能集中统一起来，获得了不少全新的权力。根据法令，戈培尔"负责全国的一切文化生活；负责国家、文化和经济的公共关系；负责管理为这些目的服务的各种机构"。

戈培尔为了达到自己的目的可以毫不留情。他把他的新部设在威勒姆广场的一座旧皇宫里。

当政府里的职员们没有按照他的要求及时地装修好办公室时，他马上派一群"冲锋队"队员剥去灰泥，扯下旧的木框。他还以同样果敢的手段把其他部门和办公室据为己有。35 岁的他是当时全欧洲最年轻、受教育程度最高的内阁部长之一。他要培养一批年轻的、聪明能干的下属。他招进的许多新人毫无从政经验，他不得不从财政部招来一名资深的公务员，培训那些年轻人如何处理政务。他们都学得很快，因为戈培尔不久就要求所有到达他桌上的公文都必须措辞简明，最多不得超过 5 页打印件。

尽管公共教育宣传部发展迅猛，很快扩大到 32 个地方机构，戈培尔还想再进一步扩大自己的权力范围，把德国文化生活的各个方面都包容进去。在他进入内阁之后刚 6 个月时，他就说服希特勒创建了一个新的机构——德国文化协会，下设 7 个协会：文学、戏剧、音乐、电影、美术、报刊和广播。每一个"生产、发行和销售文化财产的人"——记者、剧院经理、电影导演，甚至报摊的卖报人，都必须加入相应的协会，服从协会主席戈培尔的指示。

纳粹党的这些特许机构把犹太人、其他非雅利安人以及任何被视为政治上不可靠的人排除在外，不允许他们从事自己的专业，因为他们不属于任何协会。

　　有了这 3 个单独分开而又相互联结的机构——公共教育宣传部、德国文化协会和党委宣传办公室——戈培尔可以开始控制第三帝国的思想交流和文化媒体了。他最要紧的目标是阵容庞大、观点纷杂的新闻报刊。当纳粹党上台时，德国有各类杂志 7000 种、各类日报和周刊 4700 种，比当时世界上任何国家都多。这些报纸杂志代表着许多种各不相同的特殊利益集团，包括形形色色的宗教团体、工联组织和政党。1933 年 2 月，希特勒把国会纵火案归罪于共产党，这为压制共产党和社会民主党的左翼报刊提供了借口。然而，在剩下来的这些报刊中，受纳粹党控制的报刊仍然不到 3%，况且，纳粹党的报刊办得很差劲。戈培尔在日记里承认道："我们有着世界上最优秀的演说家，但我们缺乏机智灵巧的笔。"

　　纳粹政府想竭力控制住数量庞大的、观点不偏不倚的报刊（即那些报道新闻时没有明显政治偏见的报刊），想迫使它们顺从纳粹党的路线。1933 年末，戈培尔把当时在国内外收集新闻的两家有线广播网合并成一个官方的国有的新闻机构，这个叫作"德国通讯社"（DNB）的机构每天提供的新闻多达 6 万字，完全足够一份报纸的内容了。DNB 直接隶属于公共教育宣传部，戈培尔通过它可以控制大量的新闻。

　　戈培尔还可以通过限制报刊编辑来控制新闻界。1933 年 10 月的《编辑法》使编辑们不再像过去那样有

权控制报刊的出版，他们现在得完全受制于国家。编辑们要为自己报刊上印出的每一个词负个人责任，并且禁止刊登任何被视为潜在地危害国家的材料。此外，编辑们只有在公共教育宣传部所控制的一份职业登记表上登记了自己的名字，才能从事这一行业的工作。

名字是有可能从登记册上注销掉的，哪怕犯下一个很小的失误（如 1938 年德国吞并奥地利后还要把德国人和奥地利人区别开来），都会使一个编辑失去维持生计的机会。按照官方对那项法律的解释，一位编辑就是"国家的一个喉舌，他需要去完成国家其中最重要的一项任务"。

在通过 DNB 严密监管新闻并迫使编辑们进行自我审查后，戈培尔又控制住了另一领域。在魏玛共和国时期，政府的代表在每天的新闻发布会上回答记者们的提问。现在，戈培尔把这种发布会变成了一个讲坛，详尽地向记者们讲解应该如何去从事他们的工作。每天中午（大战爆发后在每天晚上还有一次发布会），戈培尔的一名副官给好几百名记者进行口头评说和书面指示，即所谓的"语言规则"。这些指示被视为绝密；代表大城市各报社及地方新闻机构的记者们必须签名立下书面保证，在看完这些浩繁的指示后，当着证人的面把它们销毁。

1937 年，《冲锋队员》报的复活节专刊上登了一则广告，上面画了一个邪恶的犹太人正在主持"耶稣受难日"。这份由朱力斯·斯特莱舍尔出版的反犹太人周刊办得过分粗鄙，连一些高级纳粹官员都感到难堪。尽管如此，这份报纸的发行量仍然达到 70 万，使斯特莱舍尔成了一名亿万富翁。

这些打印在黄页上、每天都有十多页的指示要求记者们明白政府想要他了解的新闻。指示详细规定了哪些新闻应该报道、哪些只是一带而过、如何有偏向性地编写文章，甚至标题应该有多大都做了规定。一位记者回忆说："从 1933 年开始，编辑们越来越明显地成了官方既定观点的橡皮图章，他们每天在报纸上盖上标记，表明他们已看过了，仅此而已，没有其他的工作。"连戈培尔在私下里也承认，"任何心里面还残留一点点荣誉感的人今后都会小心谨慎，别干上记者这一行。"

这些指示涵盖了纳粹党基本路线的每一个方面。例如，1935 年 4 月的一份有代表性的指示禁止刊登政府领导人在宴会上喝酒的照片。它是这样解释的，"公众已形成这样一个极端荒谬的印象，认为政府官员过的是花天酒地的生活。"人们只要一提及乞丐和穷人的孩子，就会想到纳粹党举办的那些慈善会。1938 年 5 月，在对捷克斯洛伐克进行不流血征服之前，新闻界得到命令，要把捷克人在边境上挑起的任何事端"以小化大"。1938 年 11 月，在对犹太人及其商店和教堂进行打砸抢之后，一份指示急忙命令各家报纸淡化肆无忌惮的暴力摧毁活动，而强调人民对犹太人的"普遍愤懑"。连报纸上的分类广告也成了合适的进攻目标：戈培尔警告各家报纸不要刊登

为无子家庭寻找佣人的广告，因为纳粹政府的家庭政策鼓励尽可能多地生育孩子。

　　针对有些新闻揭露他的宣传机器内幕以及如何操纵德国人看到的新闻，戈培尔对此非常愤慨。第二次世界大战爆发后不久，当一家插图杂志刊登了一位无线电技术员放映黄色影片的照片时，戈培尔大发雷霆，因为这张照片就登在战场特别公报的前面。戈培尔在一次记者招待会上露面时威胁说要把任何胆敢"亵渎国家重要新闻程序"的人投入监狱。

　　在准备新闻指示的过程中，戈培尔及其手下很少

希特勒坐在办公桌旁休息时正在浏览《人民观察家报》。这份纳粹党的官方喉舌成了德国的第一家全国性报纸。它同时在慕尼黑、维也纳和柏林出版，到1941年时发行量已达到120万份。

去考虑准确性和真实性。发布于 1939 年 8 月末的第 674 号"一般指示"遇到了一个两难选择，因为"指示"必须提前几个小时送到印刷厂印制，然后还要散发到新闻界，而此时还不清楚希特勒是否已经决定要入侵波兰。公共教育宣传部以巧妙的措辞把两种可能性都包括进去了，其具体措辞是："在下一期里，肯定会有一篇头条文章，放在尽可能显要的位置，将要讨论的是元首的决定。不管是什么决定，对德国来说都是唯一正确的决定。"

为了加强这些指示的实施，在全国范围建立了一个审查网络以监视地方各家报刊。每篇文章都要经过仔细的审读，上报任何违规现象。一旦没有服从这些新闻指示，或犯下其他一些错误，将视情节轻重马上予以惩处。1936 年，柏林的《八点钟晚报》刊登了一篇令人尴尬的醒目标题"要求再增加 10 亿税收"——结果是没收了那家报纸编辑部的财产。而提到一个被禁止提到的名字——例如，一个曾经很有名望的社会主义分子或一个犹太人作家——通常会使具体负责的那位编辑丢掉工作。其他一些触犯者有可能被投进监狱。埃森市的编辑和出版商因为一个排版错误被送进了集中营，这个排版错误让读者看了忍俊不禁：一段描述狂欢节的文字却出现在严肃的纳粹"冲锋队"队员游行的图片下方。戈培尔对新闻界的控制权尽管令人畏惧，但并不使他无所不能。正如在纳粹政府的其他领域，希特勒在宣传领域里也执行一套分而治之的政策。他在他的下属中间设立相互冲突的权力部门，以保护他自己在这个等级制度中高高在上的位置。因此，当戈培尔这边在严密管制新闻界时，希特勒指使另一名纳粹党头目把越来越多的报纸归并为纳粹党所有。

纳粹党新闻机构的霸主、戈培尔的激烈竞争对手是麦克斯·阿曼——他也是一位身材矮小、身体有残疾的人：他在一次狩猎事故中丢掉了左臂。阿曼是总部设在慕尼黑的埃耶（EHER）出版社的社长。这家纳粹党的官方出版社推出的书目包括《我的奋斗》，推出的报纸包括《人民观察家报》。他与希特勒的友谊可追溯到一战时期，当时他在元首所在的连队担任中士。1921 年，希特勒就已任命阿曼为纳粹党的商务部经理，次年，又任命他为埃耶出版社的社长。

这是 1934 年"德国图书周"期间宣传希特勒的杰作《我的奋斗》一书的广告招贴画，下面的几行文字是他自己的题词："我不断地、全面地涉猎图书。几年之内，我就打下了知识的基础，这些知识在今天对我仍然有用。"

从很多方面来说，选择阿曼都显得奇怪。他既不擅长写作，也不擅长公开演讲，在很大程度上对纳粹党的意识形态还很冷淡。他外表上是一个善良快活的巴伐利亚人，骨子里却是一个性格残暴的家伙。然而，他是一个很精明的商人，有一套用人识才的本领。他把《人民观察家报》从一份疲于挣扎的周报变成了一份繁荣壮

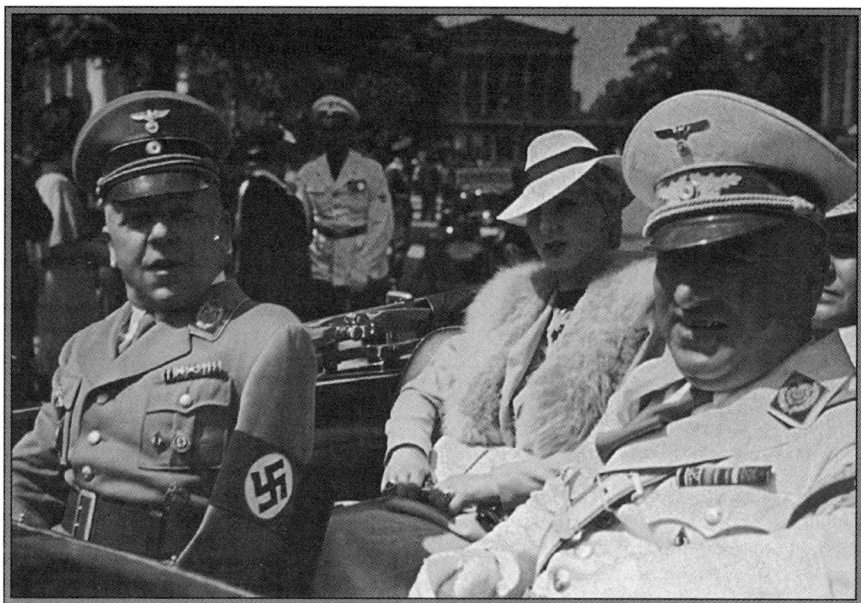

麦克斯·阿曼（左）和"德国劳工阵线"主席罗伯特·莱伊以及他们的妻子同乘一辆游行的军车。阿曼是《人民观察家报》的出版商，拥有一个庞大的纳粹出版帝国。希特勒称他是"世界上最伟大的报业业主"。

大的日报，最终使其发行量达到 100 多万份，分别在慕尼黑、柏林和维也纳印刷出版。当然，这份党报的成功在很大程度上得益于纳粹党蒸蒸日上的运气，另外，在纳粹党接管政府后，许多人是出于自我保护才订阅的。不管怎么说，希特勒都是非常器重阿曼的。他甚至让阿曼担当自己的私人银行主，委托埃耶出版社管理《我的奋斗》所带来的稿费。仅在 1933 年这一年里，稿费就高达 30 万美元。当德国这位最有名的作者需要花钱时，他只需给阿曼打个电话。

1933 年秋季，阿曼和戈培尔针对《编辑法》发生了第一次冲突，该法案削弱了出版社（包括纳粹党出版社）的权力。在这个议题上，戈培尔占了上风，但他无法削弱他的对手日渐膨胀的出版帝国。阿曼与元首保持着密切的关系，而戈培尔也是阿曼的埃耶出版社的一位作者：这位生活费用很高的宣传部长不能逼人太甚，否则，他急需现金时会碰上麻烦。

在党内和政府里，阿曼逐渐获得更大的权力，使他能够把更多的报纸控制在国家社会党的手中。首先，作为希特勒直接任命的帝国新闻处处长，他把几十家以前被各个区委领导控制的纳粹党地方报纸统一合并到埃耶出版社名下。同时，一些犹太人出版社在政府命令查封或利用其他手段压制后被迫以很低的价格卖给了埃耶出版社。在受害者中包括乌尔施坦因（ULLSTEIN）出版社，这是一家大型的私人出版公司，出版图书、杂志和在柏林很有影响的 3 份日报。在 1934 年完成了乌尔施坦因出版社的购买后，阿曼吹嘘道："我们现在买下了德国最大的出版社，而花的钱还没有买一支铅笔多。"

正是在被任命为帝国新闻处（属于帝国文化处的一部分）的处长后，阿曼获得了他的最大收获。1935 年 4 月 24 日，阿曼下达了旨在削弱大多数剩下的私有新闻机构的命令。这些命令要求出版社证明它们在德国的历史，要一直追溯到 1800 年，这使阿曼有权关闭或暂停任何报社，尤其是竞争太多使出版业经济不景气的地区的报社。这些命令还禁止个人拥有一家以上的报纸。在这些牵强附会的法令的宽松解释下，任何一家报纸都有可能被关闭。一想到这一点，马上有 500 多家出版社

带有辣味的
地下幽默

对许多德国人来说，幽默是对付日常烦恼的最佳药剂，把各种级别的纳粹分子拿来开开玩笑成了很流行的消遣方式。公开的嘲讽（像左边这幅由反纳粹的流亡者创作于1934年、讽刺约瑟夫·戈培尔的漫画）只有在德国以外才能安然无恙地刊登出来。

在国内，讽刺至少要隐蔽含糊一些，包括一些被缩短的字词有了新的特殊含义。例如，"戈培"代表戈培尔，表示嘴巴能够张开到不至于扯破的最大宽度或为了让10万收音机听众静下心来收听而所需的最小能量。"莱伊"代表罗伯特·莱伊，表示一个人能够连续不停地胡扯的最长时间。"戈"代表赫尔曼·戈林，表示一个人能够往胸前佩戴最多的奖章而不至于脸朝下地跌倒在地。

经济、官僚机构、甚至纳粹党都是这一类讽刺的绝好对象，但元首不是。大多数德国人都很赞同希特勒，有关他的花边短文往往都避而不谈他的缺点，而是吹捧他的优点和才智。任何对希特勒犯有大逆不敬言行的人通常只有一次机会犯这样的错误：拿希特勒来开玩笑是有可能被判死刑的。

要么倒闭，要么被卖给阿曼的埃耶出版社。

由于阿曼操纵的结果，德国报刊的数量到1939年时已减少了一半多。埃耶出版社在1932年时只占全国所有报纸发行量的2.5%，现在，公开地或秘密地控制着至少66%。大战期间，由于利用政府对新闻印刷的强制性制裁，纳粹党控制的报刊发行量上升到82.5%。埃耶出版社的利润接近了德国最大的公司伊·格·法本（I.G.FARBEN）化学联合公司的利润。阿曼恬不知

耻地分享了这些利润的大部分，通过在印刷公司秘密占
股1/3，他控制着埃耶出版社的大部分收入。在希特勒
上台后的10年中，阿曼的年收入从4.3万美元左右上
升到150万以上。

由于纳粹党对一些报刊的占有以及对另一些报刊
的严格审查，德国的报刊变得越来越不堪卒读、越来越
没有趣味。戈培尔把媒体比喻为一个乐队，在这个乐队
里，每一种乐器可以用不同的调子和表达方式，但必须
弹奏出同样的旋律——党的路线。结果，这一做法使各
家报纸鹦鹉学舌，唱着单调一致的曲子，仅1934年一
年就失去了100万名读者。为了重新点燃失去的兴趣，
戈培尔及其手下定期地告诫新闻记者要避免使用过多的
纳粹主义的陈词滥调，要有一定的创新性。有一次，戈
培尔试图把多样化引入新闻报道中，他责令几家不同的
报纸来强调一个问题的不同方面——结果只是引起人们
注意到他对新闻界的严密管制。

为了缓和一下这乏味的单音单调，戈培尔允许几
家颇有名望的报纸在出版方面继续享有一定的编辑独立
权。他容忍一家有相对自由倾向的报纸《法兰克福报》，
主要是因为它的国际声望。这家报纸的继续存在（赶走
了自1856年以来一直拥有它的那个犹太人家庭）给希
特勒的政权带来了声望，给了戈培尔一个借此影响国外
公众舆论的途径。只要这家报纸服从纳粹党的对外政策，
它就有自由对一些文化和宗教方面的事务进行评论。

《法兰克福报》的编辑们接受这有限的一点独立
权，因为他们确信希特勒跟他们有着共同的目标，即建
立一个强大而和平的德国。他们未能觉察出这个政府一
直在跟他们撒谎。当希特勒的部队于 1939 年 9 月 1 日
入侵波兰时，主编鲁道夫·吉尔希尔感到震惊。他的精
神在歇斯底里般的阵阵啜泣声中崩溃了。他的报纸——
德国新闻自由的最后一点残余力量，一直坚持到 1943
年希特勒命令它关闭为止。

作为宣传的工具，戈培尔不喜欢旧形式的报刊，
而更喜欢两种最新形式的大众传媒——收音机和电影。
20 年代末期，拥有收音机的家庭数量猛增，有声电影
问世，这两件大事与纳粹党的出现恰好都在同一时期。
这两种传媒形式也深得希特勒的喜爱，因为与书面文字
相比，他更喜欢口头文字。另外还因为收音机和电影都
刚刚问世不久，都还没有发展到多样化的程度，使其对
新闻的控制还不至于那么复杂。

戈培尔把收音机视为操纵公共舆论的最有效的武
器。德国的广播系统自 1925 年建立以来就一直掌握在
政府手中，这位宣传部长从希特勒当上总理后的第一天
就充分利用了这一点。1933 年期间，元首对全国进行
了 45 次广播讲话。然而不久之后就发现，希特勒只有
在讲台上面对听众时才能发挥出他所谓的"口头文字的
魔力"。在广播室里，他语速过快，吐字不清。与美国
新当选的总统富兰克林·罗斯福（一位擅长在炉边亲切

谈话的大师）不同，希特勒需要直接的听众氛围，需要那种出于崇拜的、有节奏的鼓掌和狂热的呼喊。戈培尔确保元首在今后所有的广播讲话中要有听众。

1933 年 3 月，公共教育宣传部接管了德国的广播系统，继续利用它的全国播放中心及所有的地方电台。戈培尔安排很多纳粹党的忠实分子替代了原有的职员。一位老职员在日记里写道，他所在的那个电台类似一个纳粹军营。两个月后，他被解雇了，原因是，他是一名社会民主党分子和有一位犹太人妻子。为了获得尽可能多的听众，公共教育宣传部强迫厂家生产出一种价格不贵的收音机——"人民牌"收音机。它售价 76 德国马克（约合 30 美元），还不到一套好衣服的价格。还有一种更便宜的翻版收音机（只具备接收国内广播的功能），其售价还不到那种收音机的一半。1933 年至 1939 年间，收音机拥有率翻了两倍。70% 的德国家庭有至少一台收音机，使德国成为当时世界上收音机家庭拥有率最高的国家。

纳粹政府还鼓励集体收听。由于相信广播在集体收听时会产生更大的影响力，戈培尔派人把高音喇叭安

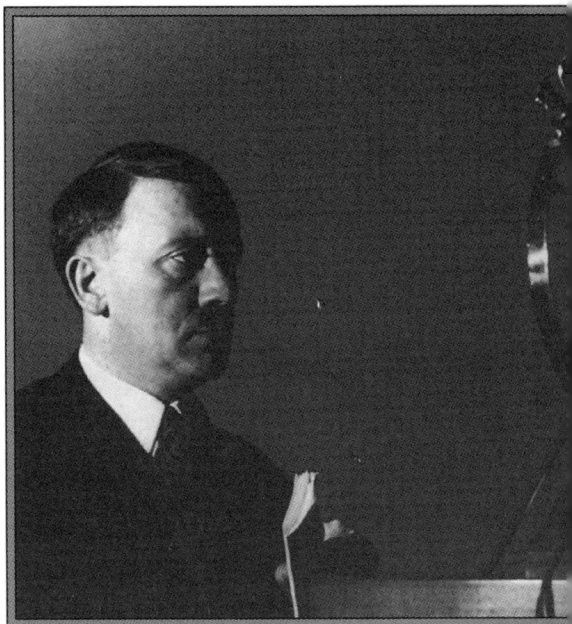

由于深刻意识到收音机的宣传力量，希特勒在对着播音室的麦克风讲话时显得有些畏怯。右下图：一户农家正在打开廉价的"人民收音机"，收听元首的讲话。

装在城市的大街上，并命令工厂、商店、办公室、啤酒馆及其他公共场所必须装备大型收音机。在公共教育宣传部认定为很重要的节目期间，一切工作及活动都得停下来，这样人人可以围聚在收音机旁。成千上万为党工作的街区广播管理人员组织集体收听，监督节目的选择，一旦发现有人在抱怨地方电台花太多时间报道国家社会党的政治情况，他们必须克尽厥职地向上汇报。

在广播时间表确定下来后，每天 19 个小时的节目

中约有 1/4 的时间是专门为宣传服务的评论、演讲和戏曲。其他时间是新闻（来源于政府控制的 DNB，即给报刊提供新闻的那个机构）和音乐。刚开始，弥漫于纳粹电波中的音乐节目主要是大型交响乐作品，但不久也出现了贝多芬和瓦格纳的作品，有轻歌剧、进行曲、华尔兹舞曲和民间音乐。戈培尔认识到，为了使听众们打开收音机听到宣传内容，他需要娱乐性节目。他曾对一群广播工作人员告诫道："要不惜一切代价避免节目枯燥乏味！"他密切关注节目内容，还经常亲自潜心研究一些细节性的东西。例如，他曾指示维也纳的一家电台不要在上午 10 点用他称之为"过于伤感的维也纳管乐队音乐"使听众们神经不安。

如果说戈培尔喜欢尝试收音机的话，他对电影更是入迷。正如他自己所说，他"对电影艺术充满激情的痴迷"。在他的 3 处住所里都有私人放映间，他每天都要挤时间观看至少一部影片，哪怕是在最忙的日子里。他喜爱电影，是因为它充满智慧的内容和作为一种动态的宣传媒介的感染力。他最喜爱的其中一部电影是《飘》。他也反复观看一些官方禁止的电影，如反战经典片《西线无战事》（他在 1930 年还对其首映式进行过干扰），因为这部影片里的"宣传手段很精明"。

这位部长很遗憾纳粹党掌权后大批电影人才的流失，尽管这些流亡者在纳粹分子的眼中是应该遭到反对的。德国电影业一直以其独特性和创造性而有名，但几十名最优秀的人才——包括导演约瑟夫·冯·斯特恩贝格及演员皮特·洛尔和玛莲·底特里希——因为是犹太人或政治上的自由派分子而不得已去了好莱坞及其他电影之都。戈培尔试图说服弗里兹·朗格（广受欢迎的《大都会》的导演）为纳粹党拍电影，尽管他的祖先是犹太人。朗格要求给他 24 小时考虑一下。然后，他匆忙叫一位朋友为他订了一张去巴黎的火车卧铺票，当晚便逃离了柏林。一位名叫列奥·罗伊斯的犹太演员以另一种出逃方式跑了。他先去了维也纳，在那儿把头发和胡子染成棕黄色，在多部奥地利电影里扮演所谓的雅利安人角色，还深得纳粹党的电影评论家们的高度赞扬。最终，罗伊斯愉快地揭示了他的身份，径直奔向好莱坞，为米高梅电影公司工作。

为了防止其他人才进一步流失，戈培尔开始给电影制片商更多的创作自由。然而不久，他便放弃了艺术自由的一切虚伪面具，对电影业实行几乎绝对的管制。通过公共教育宣传部和帝国电影处，他掌管着所有电影脚本的审批，决定哪些项目可以获得政府投资或因为"政治上、艺术上特别有价值"而享受税收减免，并且负责每部影片的审查审批。在 1937 年公共教育宣传部接管四大电影制片厂后，他变得越来越有权了，也变得越来越咄咄逼人。他干预角色的选派，命令导演对他不满意的场景完全重拍，而且还有传言说，帝国时期所拍的每一部影片都要让他先看一遍。

　　从总体上看，通过这种严密控制的渠道生产出来的电影却令人吃惊地没有很多明显的纳粹思想色彩。最露骨的宣传影片是那些在影院每周上映的纪录片和新闻短片，以及由 1500 辆大篷车在德国乡下各地巡演的纳粹题材短片。在纳粹政府早期拍摄的一部分故事影片，如《冲锋队队员曼·布朗德和汉斯·威斯特迈》（讲述的是赫斯特·威塞尔的传奇故事），歌颂了"褐衫党"党徒。然而，在票房收入一直低迷的情况下，戈培尔改变了策略。他看出，"冲锋队"队员的位置"是在大街上，而不是在屏幕上。"

　　自此以后，戈培尔竭力要给电影观众们一个去处，可以暂时躲避旗帜招展、希特勒式敬礼的日常生活。在每年生产的 100 部左右的故事影片中，只有大约 1/4 带有明显的宣传内容；在这些影片里，纳粹思想通常与涉及历史人物的剧情融在一起。例如，18 世纪普鲁士统治者腓特烈大帝就是德国电影制片者们较为喜爱的一个历史人物。在拍摄宣传题材的电影时，纳粹党控制的制片厂也倾向于选择德国历史上一些成功者的题材，如诗人弗里德里希·席勒，他（暗指希特勒）是一名未受过别人指导的天才典范，成功地超越了前人的知识。不过，大多数故事影片都是一些调子温和的大杂烩，充满喜剧、冒险、浪漫史和浅薄空洞的音乐剧。戈培尔希望，逃避现实的娱乐影片会把观众们吸引到影院，然后他们将被迫观看带有宣传色彩的新闻短片。不足为奇的是，

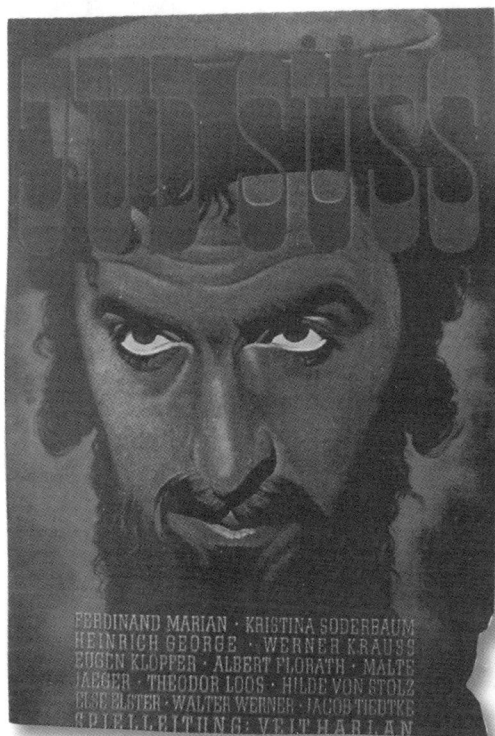

FERDINAND MARIAN · KRISTINA SODERBAUM
HEINRICH GEORGE · WERNER KRAUSS
EUGEN KLÖPFER · ALBERT FLORATH · MALTE
JAEGER · THEODOR LOOS · HILDE VON STOLZ
ELSE ELSTER · WALTER WERNER · JACOB TIEUTKE
SPIELLEITUNG: VEIT HARLAN

这是反闪米特人
电影《犹太人苏斯》
的一张海报,上面画
的是犹太恶棍苏斯正
瞪着浓眉大眼威胁地
凝视着。在这部电影
里,苏斯敲诈勒索,
折磨迫害,强奸妇女,
是一个十足堕落的坏
人。戈培尔不得不声
色俱厉地威逼一名导
演和演员才拍成了这
部电影。

电影观众们支付的票款控制
住了电影业的赤字(每年赤
字达 400 万～600 万美元)。

随着战争的逼近,戈
培尔加快了纯宣传片的节
奏。1938 年,在希特勒抱
怨纳粹题材的影片过于稀
少之后,戈培尔命令制作
了几部充满毁谤谩骂的反
闪米特人影片。其中一部
影片名叫《犹太人苏斯》,
取材于一个真实的事件,
讲的是 18 世纪一个阴险的
犹太金融家在人民的一次
起义后被处以死刑的故事。
演员们担心他们演得太逼
真,因此要求公共教育宣传部公开说明他们并不是真正
的犹太人,而仅仅是优秀的演员。无论如何,这部影片
具有明显的现实性,足以为今后的暴行准备好了公众舆
论:一些看过该片的青少年义愤填膺,他们后来开始毒
打犹太人。

戈培尔对这部影片及其他许多影片的制作过程都
亲自干预。当制片厂早先制作的版本《犹太人苏斯》表
现的是一位自豪的英雄而不是畏缩的恶棍时,戈培尔命

93

令全部重新拍摄、重新编辑。他和其他纳粹审查官拒绝放映从美国进口的《人猿泰山》系列片，因为主人公及其同伴穿的衣服太少。官员们也不鼓励国产片反映通奸行为，因为这与纳粹党强调家庭和多生孩子（合法生育）的原则不符。然而，当军队高级指挥官员们反对一部里面有一位著名歌星答应一名飞行员与她过夜的影片时，航空部部长赫尔曼·戈林开始干预起艺术方面的事了。他宣称："如果这个男人不利用这样一次机会的话，那他就不会成为一名军官。"

尽管戈培尔给公众的印象是一个过着清规戒律般生活的人，但私下里他却是一个精力充沛的玩弄女性者。女人们也许被他的权力地位所迷惑，觉得他颇有吸引力，

1938年，希特勒在贝希特斯加登款待戈培尔及其妻子马格达和他俩其中的3个孩子——希尔德（左）、赫尔穆特和赫尔佳。元首认为戈培尔一家是理想的德国家庭，他的许多空闲时间是与这家人一起度过的。

尽管他身材矮小，身体有缺陷。但他有一副洪亮的男中音嗓子，双手细小而富于表现力，考究得体的白色华达呢制服衬托出令人着迷的身材。他的肤色天然黝黑，由于喜欢晒太阳显得更黑。自青年时代以来，戈培尔好像始终觉得自己必须与女人待在一起。他有一次在日记里写道，"厄洛斯（爱神）用强劲有力的声音对我说话。"作为电影界的权势人物，他有机会接触到许多走红耀眼的女演员及怀有抱负的小影星们。他抓住机会，经常在他的两处乡下别墅里、在柏林他那皇宫般的寓所里、甚至在公共教育宣传部他那些装饰华丽的秘密办公室里与女演员们发生关系。

这是捷克女演员丽达·巴洛娃的一张公开玉照。戈培尔与她的风流韵事差一点儿使他失去婚姻和事业。这位纳粹部长是一个有名的追逐声色的家伙。他在日记里写道："每一个女人都会使我的血液加快。我像一只饿狼一样四处追寻。"

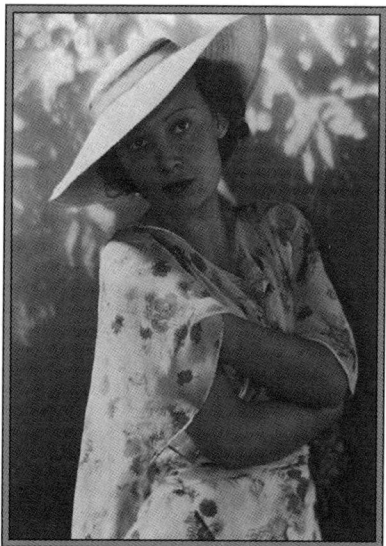

戈培尔的迷人的妻子马格达知道这种双重的生活，但只要他的风流韵事仅仅停留在调情鬼混阶段，她就不会反对。或许因为她偶尔也有她自己的情人，当然还因为戈培尔与希特勒的密切友谊，她愿意保留一种假象，让人们看到她和她的丈夫是政府里的一对模范夫妻。希特勒是他俩1931年结婚时的证婚人，对他们逐年扩大的家庭（到1940年时已有6个孩子）怀有特别的兴趣。他很高兴地让孩子们称他为"阿道夫叔叔"，甚至"元首叔叔"。

接下来，戈培尔的一次风流韵事掀起了感情上的大波浪，差一点危及婚姻

关系。1936 年，他结识并爱上了丽达·巴洛娃，一位
从捷克斯洛伐克迁移到德国的 22 岁电影明星。这一风
流韵事在持续了两年并已成为柏林街谈巷议的话题后，
才最终于 1938 年夏季传到希特勒那里。元首担心桃色
事件会玷污他的政府，于是把他的宣传部长召来。戈培
尔承认，这些谣传不仅是真实的，而且他想与马格达离
婚，辞去他的职位，同巴洛娃到国外去，也许作为大使
去日本。希特勒愤怒地回答说，这一切是根本不可能的。
戈培尔很快屈服于他所敬爱的元首。在电话上跟巴洛娃
进行最后一次充满眼泪的谈话后，他答应送她回捷克斯
洛伐克。然后，戈培尔保证她最新拍的那部影片不再在
帝国的任何影院上映。

　　戈培尔从来不曾打算与纳粹电影界最走红、最有
才华的人物莱尼·里芬斯塔尔有一段浪漫史。事实上，
两人是竞争对手。戈培尔不喜欢、甚至有可能害怕里芬
斯塔尔，后者制作并导演了两部杰出的纪录片——《意
志的胜利》和《奥林匹亚》。她容貌姣好并且显得健康，
穿着贴身的白色长袍，在柏林的社交界颇为惹人注目。
她通常出现在纳粹党一些高级官员的身边，偶尔也在元
首旁边。当她和这位宣传部长（两人都是肤色黝黑、身
穿白衣）在聚会上打照面时，两人露出影星似的笑容，
然后私下里相互抱怨对方。

　　里芬斯塔尔是柏林一名管道工的女儿，她少年早
熟，开始是一名芭蕾舞演员，1925 年 18 岁时拍了她的

首部影片。她拍摄所谓的山区影片，这是德国独有的一种电影类型，反映的是强壮的小伙子们和运动员似的姑娘们与阿尔卑斯山一争高下的壮举。1931 年，当时还不满 25 岁的里芬斯塔尔组建了自己的制片公司，与人合作编写、导演并主演《蓝色之光》。这是一部反映山区的诗剧，次年在威尼斯电影节上获得了金奖。

戈培尔定期要举办一次活动，给元首物色一位有吸引力的女人。1932 年，里芬斯塔尔被相中了。一天晚上，戈培尔和妻子在柏林的寓所里主办一次晚宴，邀请里芬斯塔尔和希特勒。另一位客人——纳粹党中受过哈佛教育的对外新闻部部长厄内斯特·汉弗斯坦格尔后来回忆说，晚宴后，那位电影制片人邀请大家去她的制片厂。汉弗斯坦格尔在这种场合都会习惯性地坐在钢琴旁弹奏柔和的背景音乐——他后来坦言，他当时的感觉就好像在一个名声不好的家庭里当钢琴师一样。

他写道，"里芬斯塔尔当然十分卖力。她手搭在他的臂膀上，合着我的音乐节拍在那儿跳舞，尽现夏日女性风采。"汉弗斯坦格尔和戈培尔夫妇悄悄溜走了，让浪漫的故事顺其自然地延续下去。但是，当几天之后汉弗斯坦格尔见到里芬斯塔尔时，她耸耸肩膀，表示否定地回答了他未明言的问题。战后，她坚持说，"希特勒把我当作一名艺术家来尊重，没有别的什么。"

希特勒非常器重里芬斯塔尔，除了偶尔叫她陪同外，他还让她做他的个人电影制片商。她开始的一项重大任务是拍摄 1934 年 9 月纽伦堡纳粹党代会。纽伦堡集会是一件有特殊意义的大事，戈培尔进行了精心策划，为的是唤起全国民众的激情和对元首歌功颂德。为了营造出纳粹思想与德国早期历史之间相互联系的假象，1933 年就开始在那座中世纪古城进行排练。集会期间，有纳粹党组织机构的日常会议，有声势浩大的群众庆典，另外，可能因为戈培尔和希特勒的童年时期的天主教背景，还举行了准宗教化的仪式。1934 年的集会是规模最大的一次群众集会，涉及的参与者和观众远远超过 100 万。希特勒和戈培尔把这次长达一周的庆典活动看作是团结一致的表现，在刚刚清洗和杀害"冲锋队"队长恩斯特·罗姆及其他国家社会党高层官员后，这显得尤其关键。

使戈培尔感到惊愕的是，1934 年的这次集会在很多方面是按里芬斯塔尔的意思决定的。首先，元首没有征求戈培尔的意见就发行了这部纪录片。然后，希特勒命令戈培尔的宣传部给这部片子投资，把这次集会的大部分内容改编成剧本以符合里芬斯塔尔的需要，并且不要插手干涉完成的作品。

戈培尔的自尊心也许受到了伤害，但纳粹党的宣传努力则不然。由希特勒题名的《意志的胜利》经过里芬斯塔尔的制作，成了宣传和电影技巧的一部杰作，是献给元首的一首赞歌。里芬斯塔尔同 120 名技术人员一道，利用 30 架摄影机，借用俄罗斯导演萨格·艾森斯坦的技法，创作出具有戏剧效果的背后照明特写镜头、低角度拍摄及其他一些新奇的画面。根据她以往拍摄山区电影的经验，她保留了大场面、多角度的技法，只不过花岗岩悬崖和白云被现在黑压压一大片的纳粹党党员替代了。她在剪辑室里压缩并重新设计了画面，以进一步改变现实，赞美元首。

一位具有英雄气概的滑雪者形象是这幅宣传 1936 年冬季奥运会的海报的主题。通过这届冬季奥运会，德国人为在柏林举办的夏季奥运会举行了一次成功的服装排练。

两年后，里芬斯塔尔通过一件更为雄心勃勃的大事——1936 年柏林奥运会，再次展示了她的才能。她的《奥林匹亚》在 1938 年 4 月希特勒 49 岁生日时举行了首映式。不像《意志的胜利》带有那么强烈的政治色彩，这部影片提出了这样一些纳粹主题，如对充满阳刚活力的健康的崇拜和对人体的赞美。希特勒称赞这是"对我们党的力量和美丽的独特和无与伦比的赞美"。尽管这部影片不可否认的明星是获得 4 枚金牌的美国黑人短跑和跳远选手杰西·欧文斯，但他没有得到种族主义者希特勒的任何祝贺。除了严密控制大众媒介外，纳粹分子还想把文化本身变成纳粹帝国和纳粹党的奴仆。在他们看来，文学、戏剧、音乐和美术应该遵从这样一种意识形态，即排斥理性主义以及拥护理性主义的知识

分子。希特勒在 1938 年接见柏林的外国新闻团时表达了他对知识分子的鄙视。他悲叹道："不幸的是，人们需要他们。否则，人们有可能（我不知道是谁）会把他们全部铲除掉。"

与这种反理性主义和纳粹党文化路线一样关键的是纳粹分子对"人民"（种族上纯德意志血统的人民）的神秘观点。戈培尔曾夸张而含糊地说："我们要把艺术再一次引向人民，为了准备好把人民再一次引向艺术。"他和其他一些党内要人都觉得爱惹是生非的文化批评家们没有必要去干预人民与党认可的艺术作品之间的关系。朱力斯·斯特莱舍尔是庸俗杂志《冲锋队员》的出版商兼纳粹党在弗兰柯尼亚的区委领导，他有一次被报刊批评家们激怒了，他把他们拖到剧院，强迫他们当着演员们的面唱歌和走钢丝。1936 年，戈培尔走出了更远的一步，他干脆禁止一切对艺术的批评。他声称："反映艺术的文章应该是描述，而不是评价。应该给公众机会，让公众做出自己的判断。"

一切有关宣传和审查的决定，戈培尔当然都得听从他的元首的意见。他还得同阿尔弗雷德·罗森伯格的那套指手画脚的迂腐论调（他称之为"哲学上的牢骚"）做斗争。罗森伯格是纳粹党半官方的意识形态专家，是戈培尔在艺术领域的主要对手。有关国家社会党的目标问题，两人尽管在原则上是一致的，但在方法上却大相径庭。戈培尔是一个狡猾的实用主义者，为了赢得民心，他在必要条件下愿意就意识形态问题做出让步。相比之下，罗森伯格却严格按照纳粹教条的释义行事，为了执行党的路线，他毫不妥协退让。

戈培尔不怀好意地把他的这位对手称之为"差不多的罗森伯格"，因为他"只是差不多设法成了一名学者、记者兼政客"。罗森伯格 1893 年出生于爱沙尼亚一个有着德国血统的制鞋匠家庭，从莫斯科大学获得建筑学学位，然后在 1917 年俄国革命后逃到德国。他成为希特勒在反闪米特主义方面最早的启蒙老师之一，然后当上了纳粹报纸《人民观察家报》的编辑。1929 年，他在党内建立了"德国文化战斗团"，与现代派艺术和文学作对。5 年之后，希特勒为了实行分而治之的政治游戏，把罗森伯格提拔到一个很高的位置，任命他为党的督察，监督"文化意识形态方面的培训和教育。"

正是在文学领域，罗森伯格对戈培尔的文化控制提出了最强有力的挑战。在希特勒被任命为总理后的几周内，罗森伯格的"战斗团"就开始施压，强迫将近一半的成员从深孚众望的普鲁士艺术研究院下属的文学所退出或辞职，其中包括获得诺贝尔奖的作家托马斯·曼。1933 年 5 月 10 日，一批年轻好斗分子在罗森伯格和其他一些思想理论家的蛊惑煽动下，在柏林发起了一场大规模的焚烧图书运动，烧毁了弗洛伊德、马克思和其他几十位作家的作品。那年春天，这一焚烧图书的行为在德国各地重复上演。戈培尔来到柏林的焚烧现场，称赞

这是"坚强、伟大、富有象征意义的行动",但他这样
说更多的是出于职责,而不是认可;他的方式是禁书,
而不是烧书。这些事件对德国的艺术自由是不祥之兆,
引发了大批德国作家出逃,最终有总数超过 2500 名的
作家因为担心他们的作品,甚或担心他们的生命而逃离
了德国。

　　戈培尔接下来要面对来自纳粹党内部的层层审
查机构。罗森伯格在文化宣传领域又增添了一个机
构——"促进德国文学帝国办公室"。不久,他手下
就有了 1400 名阅读审查人员,每年负责 10000 本图
书的评论工作,占帝国每年出版图书的一半。1933 年,
在党内和政府里共有 21 个不同的机构与图书管制有
关。然而,戈培尔渐渐地超越罗森伯格和其他对手而
占了上风,这主要归因于他的权势更大,他在政府里
既是宣传部长又是帝国文化处处长。就个人而言,希
特勒更喜欢戈培尔的实用主义,而不喜欢罗森伯格死
板的、毫不妥协的教条主义。事实上,元首有一次还
说他的这位思想理论家是一个"心胸狭窄的波罗的海
人,想的全是一些可怕的、复杂的东西"。

　　到 1935 年夏季时,戈培尔已毫无例外地牢牢控制
住作家、出版社、图书馆和书店。他的帝国文学办公室
(公共教育宣传部下属的一个机构)成了纳粹政府唯一
的图书审查机构。这个机构除了核准作家的资格外,还
要定期公布一批"有害的、不受欢迎的文学作品"(包

在柏林的一家青年旅社的图书馆，纳粹学生协会的一名成员正在搜寻可以焚烧的图书。

焚烧图书
的暴行

早期纳粹分子犯下的最令人反感的暴行是焚烧图书。1933年5月的一个夜晚（阿道夫·希特勒上台后不到5个月），焚烧图书的火光照亮了柏林的市中心。几千名德国大学生一边尖声呼叫着要与"额废和道德堕落"做斗争的口号，一边把2万多册图书扔进一堆熊熊燃烧的篝火中。

这次图书焚烧不是哪个政府部门精心策划的，尽管约瑟夫·戈培尔到过现场并做了一番鼓动性的讲话。事实上，这次摧毁行动是学生们自己策划的。纳粹宣传家们一直在抨击和辱骂一切左翼作家和普通知识分子，尤其是犹太知识分子。受此影响，柏林大学学生会中一些好斗的纳粹分子花了几周时间罗列"非德意志"作家和图书的名单，然后对公立和私立图书馆进行大肆清洗掠夺。5月10日，学生们把清洗出来的大批图书用卡车和手推车运到柏林市的一处广场。颇具讽刺意味的是，这个广场的旁边就是令人肃然起敬的柏林大学校园

和令人自豪的柏林国家歌剧院。就在这里，学生们把所谓的额废图书付之一炬。

尽管没有直接卷入这一焚烧暴行，纳粹统治阶层对此都是持热情肯定态度的。几周之内，类似的焚烧事件又在德国其他30所大学和好几百座城镇发生。被毁掉的图书包括德国一些最伟大的思想家如阿尔伯特·爱因斯坦和托马斯·曼等人的作品，也有一些是从其他国家选辑的作家的作品，他们都有一个共同的信念，即相信人类自由精神的尊严。

约瑟夫·戈培尔的到场表明了他对焚烧图书的容许。图中,他正在赞扬纵火者们摧毁唯理智主义和其他"没有价值的垃圾"。

大学生们(其中一些还穿着"冲锋队"制服)把满满一卡车的图书扔进火堆里。他们举起的横幅上写着:"德国学生向非德意志精神进军。"

Deutsche Studenten marschieren wider den undeutschen Geist

12238

学生领袖们一边大声谴责"文化上的颓废"和一切"虚假的自由思想",一边把图书扔向熊熊燃烧的大火。

图书在柏林被焚烧的作家:

亨利·巴比塞	马克西姆·高尔基	马塞尔·普鲁斯特
弗朗兹·博厄斯	韦尔纳·黑格曼	艾里克·玛丽亚·雷马克
约翰·多斯·帕索斯	厄内斯特·海明威	玛格丽特·桑格尔
阿尔伯特·爱因斯坦	艾里克·凯斯特纳	亚瑟·施尼策勒
莱昂·福伊希特万格	海伦·凯勒	厄普顿·辛克莱
弗里德里希·福斯特	杰克·伦敦	库尔特·图科尔斯基
西格蒙·弗洛伊德	艾密尔·路德维希	H.G. 威尔斯
约翰·高尔斯华绥	海因里希·曼	西奥多·伍尔夫
安德烈·纪德	托马斯·曼	爱弥尔·左拉
厄内斯特·格莱塞	卡尔·马克思	阿诺德·茨威格

括过去的和现代的，德国的和外国的）。

既然已经建立起这样一个中央审查机构，第三帝国现在可以开始把一些图书列入黑名单的工作了。有12400多种图书被宣布为禁书，遭到"盖世太保"特工人员的没收。与此同时，戈培尔控制下的各个机构大力提倡那些反映纳粹主题的小说和非虚构作品，颂扬尚武精神、种族纯洁和农村生活。然而，这些作品没有一部在知名度上接近元首本人对德国文学的浮夸贡献，《我的奋斗》这本书在30年代销售了600多万册。

与文学形成对照的是，戈培尔在控制戏剧方面走了一条不稳定的路。在这一领域，他不得不与党内另一位对手赫尔曼·戈林做斗争。戈林娶了一名女演员为妻，他把普鲁士州的州剧院视为自己的私人财产。一个更为重要的因素是，戈培尔本人对戏剧很冷淡；这位宣传部长更喜欢把业余时间花在电影上。不过，他确实花了点时间来推动戏剧的改革，他开创了一种所谓的"露天戏"。这种戏都是在室外进行的，演出的是一些历史剧，旨在表达和引发民族团结的情怀。然而，由于要求一大群演员在台上走来走去，并且说台词时要求齐声一致，"露天戏"很快就证明不太好办（无论从艺术上还是从票房收入方面），因此，它逐渐销声匿迹了。

戈培尔承认，应该给戏剧观众们提供一些其他东西，"一方面有经典作品，另一方面有一些无害的反映日常琐事的作品"。他把反映"冲锋队"生活的那一类

1937年7月26日，一只北欧海盗船的复制品沿着慕尼黑的一条大街缓缓移动，这是庆祝刚落成的德国艺术博物馆（图中背景部分）的庆典活动的一个场面。在博物馆落成仪式上的讲话中，阿道夫·希特勒责骂现代派艺术家是一群"因视觉缺陷而明显在受苦的不幸者"。

拙劣作品（有人后来把它们称为"鹅步文学"）和反映农场生活的乡村喜剧列入后一类作品。1934年，获得柏林"批评家奖"和希特勒赞誉的那部剧作的主人公是一头猪。

在音乐和美术领域，元首的铁定观点是至高无上的。他很敬重理查德·瓦格纳，声称把他的一些歌剧已看过100多遍。事实上，希特勒从不错过为纪念这位19世纪浪漫主义作曲家而每年在拜罗伊特举行的歌剧节。元首也能容忍理查德·施特劳斯的轻歌剧，他是留在德国并且还当过帝国音乐委员会第一任主席的作曲家之一。但是，其他许多音乐家逃走了，因为希特勒不容忍门德尔松、马勒和其他有犹太血统的古典主义作曲家的音乐，以及任何形式的不和谐音，包括爵士乐。德国当代最卓越的作曲家保罗·亨德密特因为3个方面的因素不得不逃出纳粹政权的魔爪：他与犹太音乐家一起合作过，实验过一些不和谐音，有一次创作的歌剧中有一名女人裸体出现在浴缸里的场景。亨德密特于1938年离开了德国。

希特勒对现代派艺术同样持坚决反对的立场。他曾一度渴望到赫赫有名的维也纳美术学院去深造，他排斥表现主义和超现实主义作品，说它们是"文化上的洞穴人、美学上的侏儒、艺术上的口吃者"的作品。希特勒想要一种新的、歌颂健康、强壮和英勇的人民的艺术。要取得这样的效果，必须利用文学上的现实主义，在这种创作风格中，草永远是绿色的，天空永远是蓝色的，德国的土地肥沃、丰收可期。那些在创作上无法迎合元首观点的艺术家将面临制裁，其中包括本地的工艺美术店断绝他们的材料来源。那些接到停止作画命令的艺术家将引来"盖世太保"对他们的家进行搜查，看看他们的画笔是否是湿的。

元首比较偏爱的画家是阿道夫·泽格勒，他是纳粹党早年的一位支持者。希特勒曾委托泽格勒给他的外甥女（元首一生的至爱）格丽·罗波尔画过一幅肖像。

塞普·希尔兹是纳粹官方认可的艺术家。图中，他正在与一位模特儿共同创作《乡下的维纳斯》。希特勒是同意画裸体画的，只要裸体画展现的主题符合他认为是理想的北欧斯堪的纳维亚人的特征和处女般的完整性。

泽格勒技术娴熟，但缺乏激情，他特别擅长模仿古典主义裸体画，如《艺术女神》。在希特勒的授意下，戈培尔于 1936 年任命泽格勒主管帝国艺术委员会，其 42000 名会员不仅包括画家和雕塑家，也包括建筑师、室内装潢师和风景园林设计师。

　　1937 年，希特勒和戈培尔委托给泽格勒的另一项任务是清洗第三帝国的博物馆和画廊。在泽格勒的命令下，国家社会党分子没收了大约 16000 幅所谓的道德堕落艺术作品，包括麦克斯·厄内斯特、保尔·克利、瓦西里·康定斯基、文森特·凡·高和帕布罗·毕加索等巨匠的作品。为了给纳粹政府挣得外币，上千幅作品在国际市场上销售；另一些成了戈林和纳粹党其他要人们的私人收藏品，其余被没收的都储藏了起来。然而在 1939 年，纳粹分子宣布，他们需要足够的仓库为战时储备粮食，结果他们在柏林一家主要消防站的院子里发现了一大堆多达 4829 幅的绘画作品和印刷品，然后把它们付之一炬。

　　然而，早在纳粹分子们销售、偷盗及焚烧这些掠夺而来的艺术品之前，戈培尔让泽格勒从自己的收藏品中挑选出一部分作品组织了一次展览。于 1937 年 7 月

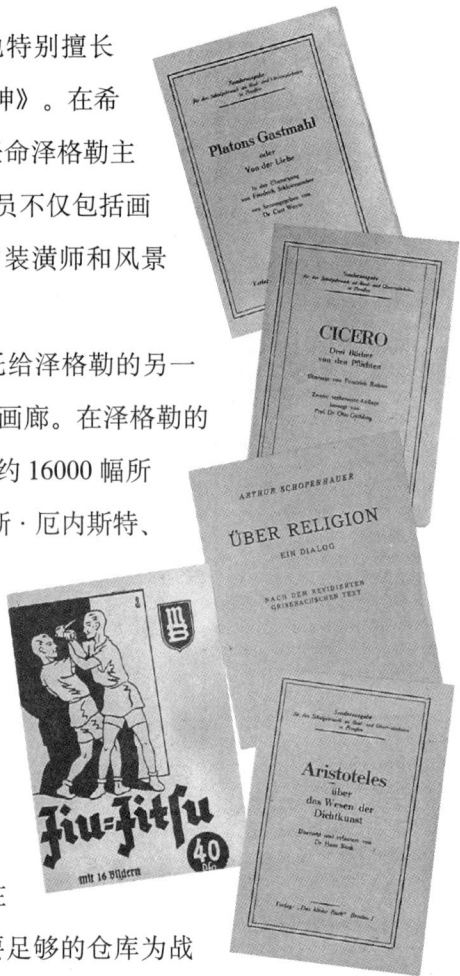

这些无伤大雅的小册子封面表面上反映的是历史人物的作品，实际上隐含着反纳粹的宣传思想。这一类革命思想宣传册子是由在德国境内秘密活动的抵抗组织散发的。

这幅由德国艺术家约翰·哈特菲尔德采用蒙太奇手法创作的摄影作品展现的是一个悬挂在卐字架上的纳粹主义的牺牲品形象，其创作灵感来源于中世纪一种被称作"轮刑"的折磨手段。哈特菲尔德是一名信仰共产主义的艺术家，1932年就已流亡到国外，他的大量反纳粹作品是经由捷克斯洛伐克秘密传入德国的。

在慕尼黑市开幕的这次"堕落艺术品展览会"展出了大约730幅作品，有些是埃密尔·诺尔德、麦克斯·贝克曼等德国画家创作的，另一些是马克·夏加尔和皮埃特·蒙德里安等非德国画家创作的。这些画被故意零乱地展出，没有画框，而且给每幅画冠上过分渲染的标题，如"这就是病态心理所看到的自然""犹太人的破坏欲显现了"等。使国家社会党分子感到吃惊的是，这次展览会是第三帝国时期举办的参观人数最多的一次绘画展，吸引了200多万人，是与此同时在慕尼黑举办的

官方准许的艺术品展览会人数的 5 倍。到底有多少人来
看"堕落艺术品"是把它当作一种抗议和对伟大艺术的
最后道别，又有多少人仅仅是想肯定自己对现代派艺术
的偏见和表示自己与这次新文化运动保持一致，这是从
来未曾弄清的事。

　　同样，也很难精确地估量纳粹政府接连不断的宣
传运动和文化管制所带来的影响。许多德国人对他们的
国家正在发生的一切事情无疑感到迷惘和不安。在大战
爆发还未禁止这样做之前，一些人收听英国广播电台和
其他外国电台，通过多种渠道获取信息。其他人以一种
玩世不恭的态度躲避这一切。汉堡的一位商人对别人说，
"我告诉我那位娘们，如果我死了，不要把这消息登报，
因为没有人会相信。"很多德国公民干脆不再看报、不
再听收音机，对一切都持漠然态度——这倒不一定是因
为他们不赞同戈培尔讲的那一套，而是因为他们有必要
保护自己的内心深处免遭宣传的狂轰滥炸。

　　然而，元首的形象渗透到每一个角落，连冷漠的保
护壳也不能幸免。各地的墙上都悬挂着他的肖像，无处
不在的"嗨，希特勒！"之声不绝于耳。显然，为元首
赢得人民之心的大规模努力到 1939 年时已取得相当的
成功。德国人民无论对国家社会主义有什么感想，他们
都是热诚地相信元首的神话的。他们把帝国蒸蒸日上的
繁荣及重新获得的强大实力和荣誉都归功于元首，而把
一切做错的事都怪罪于他的下属，包括宣传部长戈培尔。

　　德国的公民们非常深刻地相信希特勒能够正确领导他们，有成千上万的人给他写信提建议、提意见。写信的人得到的答复只是一张事先印好的卡片，告知他们信已经转交给相关的部门。很少有写信者再听到下文，尽管这个政权很少有理屈词穷的时候。

在这枚奖章上是奥运五环标志和一只抓着一个卐字饰的德国雄鹰。这枚奖章被授予1936年柏林奥运会的各位组织工作者。

导演莱尼·里芬斯塔尔给她手下一位拍摄柏林奥运会的摄影师提供手把手的指点。里芬斯塔尔的拍摄用了100万英尺长的胶片，花了18个月才编辑完她那部史诗般的纪录片《奥林匹亚》。

宣传的胜利

获得奥运会主办权是一种荣誉。希特勒在获取这一荣誉时不费一事，但在利用这一荣誉时却煞费苦心。由于被谴责为第一次世界大战的侵略者，德国被禁止参加1920年和1924年的两次奥运会。然而，在1931年初，即纳粹上台前两年，国际奥委会把1936年的夏季奥运会委托给柏林主办，这标志着德国再一次被认定为国际舞台上一个负责任的国家。当时，希特勒谴责已经通过提议的奥运会是骗人的把戏，说它"不可能在一个由国家社会党统治的帝国土地上举行"。然而，一旦登上总理位置后，他接受了奥运会，认为它是推动纳粹政权的一次无与伦比的机会。1935年，英国驻德大使注意到，希特勒对即将到来的这一体育盛事越来越入迷了："他开始考虑政治对体育的影响力，并从这个角度来看待政治问题。"

希特勒有理由关注政治对奥运会的影响。纳粹政府公然反对闪米特人，积极重整军备，尤其是1936年3月德国军队悍然开进莱茵地区——这些行动使几大同盟国及其他国家考虑抵制柏林奥运会。纳粹官员的反击措施是，宣传和平意图，允许几位有犹太混血血统的人参与奥运会主办工作。最后，法国、英国和美国以及其他52个国家派运动队参加柏林奥运会。

由于同盟国停止了抵制，希特勒及纳粹宣传部长戈培尔进一步千方百计扼杀对第三帝国的批评。在奥运会期间，各种反闪米特人的标语和报纸在柏林看不见了，纳粹分子曾经禁止和焚烧的图书又神秘地出现在书店的书架上。

纳粹政府上演的一出最引人注目的戏是从远离德国的地方开始的。1936年7月20日，一名跑步运动员在希腊的古奥林匹克运动场遗址开始了奥运史上的第一次火炬接力。电影制片人莱尼·里芬斯塔尔（见右图）把这一涉及3000多名参与者的接力活动拍成了纪录片。运动员们举着象征友好竞赛精神的火炬往西北方向穿过巴尔干半岛一直传到德国。就在几年之后，德国的装甲部队逆向地穿过这条同样的路线。

在柏林奥运会的第一个夜晚，无数盏探照灯把 11 万个座位的奥林匹克体育场照得雪亮。

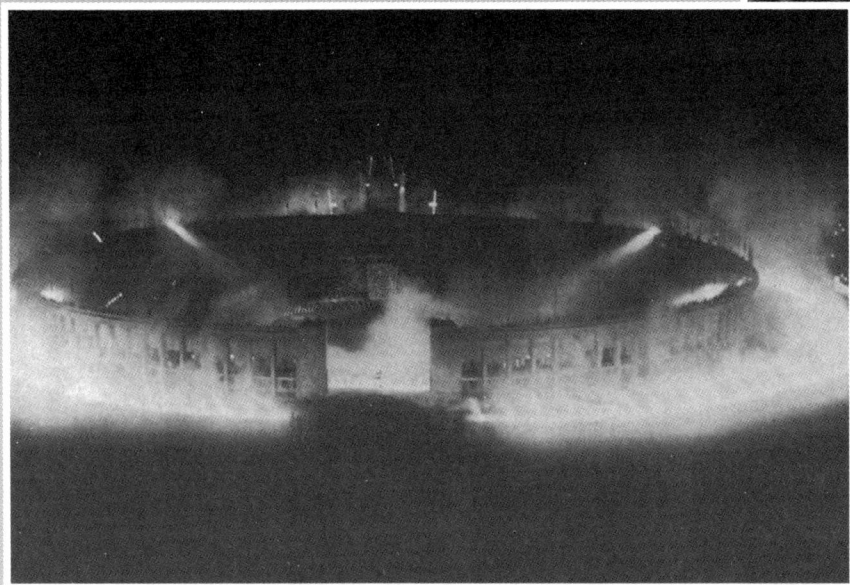

高举民族主义的火炬

当奥林匹克火炬在奥运会开幕式前快要接近德国境内时，这火焰不再是国际友好的象征，而成了纳粹分子骄傲的一件物品。火炬经过维也纳时，激起了奥地利 1 万名纳粹分子的狂热。他们呼喊着希特勒的名字，高唱着《德国征服一切》。当火炬最终传到德国的土地上时，欢呼的人们秩序要好一些，但党派色彩丝毫未减。成千上万的纳粹党和"希特勒青年党"分子站在路边，迎接高举火炬的运动员，就好像在迎接凯旋的英雄一样。

同时，柏林披着盛装迎接火炬的到来。从首都的中心到新落成的奥林匹克体育场（见上图），一路都是飘扬的国旗、奥运会标牌和醒目的卐字饰。"整个城市变成了旗帜的海洋，好像在举行一次激动人心的盛典。"当时正在德国访问的美国作家托马斯·伍尔夫这样写道，他惊奇地发现，旗帜"有 50 英尺高，简直可以与某位伟大皇帝的战场营地相媲美"。

8 月 1 日上午，当最后一位火炬传递者迈着大步奔向奥运会场地时，长达 803 英尺的"兴登堡"号飞艇（德国人日益高涨的民族自豪感的象征）游弋在上空。当高举火炬的运动员进入体育场点燃奥运会圣火时，有上万的人举起右臂行礼（见右图）。一会儿之后，一名德国举重运动员健步登上讲台，手里拿着一面纳粹旗帜，代表聚集的所有运动员进行奥运会宣誓。

116

长着亚麻色头发的弗里茨·施尔根是一名中跑运动员，当他举着1936年柏林奥运会的火炬进入体育场时，穿着白色夏装的"希特勒青年党"分子举手欢迎。

　　显得亲切和蔼的
元首接见1936年冬季
奥运会花样滑冰冠军
挪威选手索尼亚·何
尼。这届奥运会是在
德国巴伐利亚州阿尔
卑斯山区的两个村庄
加尔密什和帕腾凯尔
琛举行的。纳粹政府
为此准备了无与伦比
的比赛设施，包括这
个室外滑冰场（左图），
正是在这里，何尼获
得了她的第三枚奥运
会金牌。

一位体育运动兼军事
战斗的成功者

胸前佩戴着花环桂冠的戈特哈德·汉德里克中尉（中）在1936年的柏林奥运会上品尝成功的滋味。

纳粹德国空军里希特霍芬中队的戈特哈德·汉德里克中尉实现了一位纳粹宣传家的梦想。作为一名优秀的运动员和技术娴熟的飞行员，汉德里克成了1936年柏林奥运会上代表新德国的一个光辉榜样。在这届奥运会上，他赢得了五项全能赛（一种包括骑马、击剑、射击、游泳和跑步的非常累人的比赛）的冠军。这位多才多艺的中尉不会做错事的。一位记者透露说，汉德里克在射击比赛前几个小时曾喝了一升啤酒，这是一名大师级竞争选手"精心设计的一着棋"，他知道什么时候该把自己管紧一点、什么时候该放松一下。

在赢得奥运会冠军后不到一年，汉德里克再次经受了考验，这次是在军事战场上，他率领一支德国战斗机小组前去攻击西班牙的保皇派分子。在完成任务从西班牙回国时，他在柏林受到了英雄般的欢迎。他驾驶一架"梅塞－施密特"式109型战斗机击落了5架敌机。他的这架战斗机事前被他的机械师们作了巧妙的图案装饰（见右下小图）。

汉德里克的飞机上绘有奥运会五环图案。

119

阿道夫·希特勒和约瑟夫·戈培尔（最左边）成了他们自身权力的明星，
在奥林匹克体育场忙着给人签名。

群众的娱乐
活动

像古罗马统治者经常举办大型活动来安抚内心不安的群众一样，希特勒及其同党也利用柏林奥运会来分散人们对纳粹德国痛苦生活的注意。除了运动场上的各项赛事外，还有无以计数的场外活动吸引着公众。

掀起最大轰动的活动是希特勒本人创造的，他坐在奥林匹克体育场的包厢里（见左图），显示他的尊贵和热情。在体育场外面，数以千计来到柏林但没搞到票的德国人在四处晃悠，希望看一眼希特勒的车队从身旁经过。

来自国外的贵宾可以在花园酒会上与纳粹的达官贵人享受更为密切的接触，面带微笑的女招待和随饮随喝的香槟酒打消了这些贵宾们事前对纳粹政府的怀疑。在参加这一类活动的美国人中有飞行员查尔斯·林德伯格和因饮酒被开除出美国奥运会代表队的游泳运动员艾力诺·霍尔姆·雅雷特（见右图）。纳粹分子尽量多地让这位十分耀眼的雅雷特在镁光灯下露面，因为他们意识到，这件丑闻将给爱惹麻烦的美国记者团一个先发制人的下马威。最终，这些战术都奏效了。由于在柏林受到美食和精彩表演的愚弄，大多数外国人并未过分挑剔他们的主人。

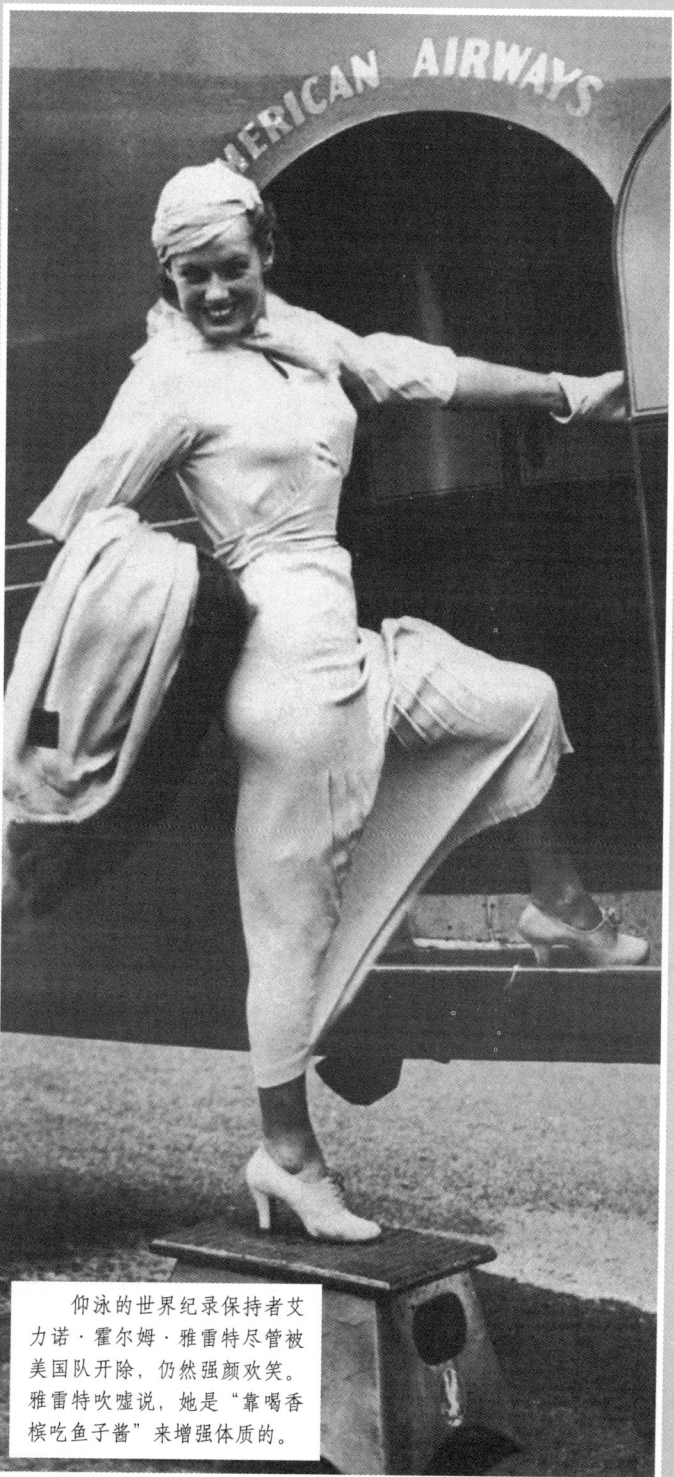

仰泳的世界纪录保持者艾力诺·霍尔姆·雅雷特尽管被美国队开除，仍然强颜欢笑。雅雷特吹嘘说，她是"靠喝香槟吃鱼子酱"来增强体质的。

雅利安种族优越论
遇到的一次挫折

柏林奥运会使纳粹的雅利安种族优越论经受了严峻考验。在希特勒统治的德国，那一理论很少受到挑战，因为非雅利安人早已从大多数体育俱乐部和运动项目中清除。符腾堡的一位著名犹太运动员在被禁止参加他自己组建的体育运动俱乐部之后自杀身亡。当听到这一消息时，纳粹地方长官朱力斯·施特莱舍尔欣喜若狂，他坚信，在德国的体育运动中再也"没有犹太人的位置"了。施特莱舍尔还取消了德国的几名挑战者与一位黑人卫冕冠军之间的摔跤比赛，他解释道，他不愿让"白人被一个黑人制伏"。

假设希特勒没有平息外国批评家对他那些反闪米特人政策的批评，假设他没有允许击剑运动员海琳娜·梅耶（见右上图）和组织工作者西奥多·列瓦尔德（见右下图）参加奥运会，那么，上述这类事件就有可能使柏林奥运会偏离正轨。雅利安种族优越论者可以勉强合理地说取得成功的梅耶和列瓦尔德只是具有部分犹太血统，但种族主义分子无法解释美国黑人杰西·欧文斯（见右图）的特别受人欢迎的表演。

欧文斯在获得100米短跑金牌后（这是他在本届奥运会上夺得的4枚金牌中的第一枚），又在跳远比赛中力挫德国卫冕冠军卢茨·朗，在最后一跳中刷新了奥运会纪录。赛后，欧文斯和朗面对欢呼的观众手拉手沿着体育场走了一圈——证明了奥林匹克的理想仍然在闪光。

友好的对手——德国的卢茨·朗和美国的杰西·欧文斯在体育场的草坪上闲谈。朗在跳远比赛中最后不敌欧文斯，获得第二名。

银牌得主海琳娜·梅耶在领奖台上行纳粹礼。具有一半犹太血统的梅耶是在国外的压力下才最终入选德国的奥运代表队。

西奥多·列瓦尔德在1933年被逐出之前一直是德国奥委会的主席。下图是他在1936年的柏林奥运会上发言的情景。

德国的金牌
大丰收

　　如果说柏林奥运会未能证明希特勒关于雅利安人生来就更优越的论调，它至少促使纳粹政府大力强调提高国民身体素质。到奥运会结束的时候，德国运动员共取得33枚金牌，总奖牌数达到89枚，在这两个方面都是第一。紧随其后的美国共得56枚奖牌，其中金牌24枚。

　　德国的冠军们来自各种不同的背景，有获得掷链球金牌的木匠卡尔·海因（见右图），也有横扫所有个人和团体马术项目金牌的贵族骑兵（见下图）。不管他们是什么背景，德国的奖牌得主们都得益于一项严格紧张的集训计划。他们不仅立志要让世界瞩目，而且也激励了校园里和军事营地里的千百万德国青年准备在一个更为危险的舞台上为希特勒而战。

　　路德维希·斯图本多夫上尉和他的战马经过3天艰难的马术比赛，最后在通向金牌的路上飞过一道水障碍。

德国的卡尔·海因在展示他的雄姿。他这最后一掷使他打破了保持24年的掷链球奥运会纪录。

Jugend dient dem Führer

ALLE ZEHNJÄHRIGEN IN DIE HJ.

126

3. "我们曾经信仰的东西，我们现在必须忘记"

很少有德国人在纳粹革命的前夕料想到他们的社会正蕴藏着巨大的变革。的确，有一些不容置疑的迹象表明民族的危机正在加深——政治瘫痪、普遍失业、各种相互对立的极端主义派别在大街上鏖战。然而，大多数德国人仍然有工作要做，有家要养，有学要上，有条不紊地继续处理着他们所熟悉的日常事务。的确，对许多年轻人来说，在这个前途日渐黯淡的时代，他们感到更压抑的是生活环境的狭窄，而不是对未来的恐惧。

对于一战之后出生在柏林郊区艾希坎普这个中产阶级住宅区的赫斯特·克鲁格来说，他家的日常生活在希特勒篡权之前按部就班，天天如此："早上 6 点 30 分起床，然后洗漱，吃早饭，脸上带着愉快的表情去上学，放学后回到家里，在温暖的炉子边吃饭；然后上楼做家庭作业，窗户敞开着，外面的生活在召唤，但得回到书本上；再然后，随着我父亲在 4 点 30 分左右回家，我总隐隐地希望会发生点什么事——也许他从城里带回了一点不同寻常的东西。但是，在我们家从未发生过什么事；一切都一如既往地有规有矩、有条不紊"。

一名穿着褐色衬衫的少年在一幅号召青少年加入"希特勒青年党"的海报前模仿元首凝视的神态。每一个加入进来的孩子都要庄严地宣誓："我向我们国家的救星阿道夫·希特勒宣誓，我愿意并将随时准备为他献出自己的生命。请帮帮我，上帝！"

克鲁格带着惊奇回忆他父亲不可动摇的按部就班的日常生活："他一辈子都是在早上 8 点 23 分离开家去部里上班，乘坐的是二等车厢。"老克鲁格是一个干苦活的工人的儿子，在凡尔登战役中受过伤，1918 年他伤愈后，找到了一份当信差的公务员工作。他很快被提拔为一名行政官员，"一个令他惊喜不已的顶峰位置"，赫斯特不无讽刺地写道，"使他终生乐意忠实

1933 年 4 月 20 日，在庆祝希特勒 44 岁生日时，汉诺威的男孩子们模仿他们的纳粹长辈，在大街上做行军操游戏。

于、屈从于国家。他的办公室就是他的世界，他的妻子就是他的天堂。他一辈子都是在下午 4 点 21 分回到家，总是坐同一趟火车，总是坐同样的二等车厢。"

对于年轻的克鲁格来说，星期天是最糟糕的。他的母亲是一名差不多已成修女的天主教徒。而他的父亲刚好相反，"信仰的是残酷无情的那种柏林新教，表达信仰的方式就是狂暴地、轻蔑地反对天主教"。老克鲁格从来不去教堂；而他的妻子却非常渴望去，但大多数

在星期天上午 11 点左右，会突然患心悸病，需卧床休息。于是，赫斯特回忆说："这任务大多数时候就落在我头上了。我是家中最小的，我无法为自己辩护，所以，我代表全家被派往教堂。"考虑到他母亲的一片虔诚，赫斯特像一个天主教徒那样祈祷，但他从未把自己视为一名天主教徒："我也不是新教徒。我像艾希坎普的大多数公民一样，什么都不是。"

多少年来，父亲按部就班地上班下班，家中单调乏味的生活，上学、上教堂，这一切进程都未曾被打断过。接下来，第一道迹象出现，这个"空间狭窄、生活单调的小资产阶级家庭"的坚冰下面开始发生了一点变化。事情发生在 1933 年 1 月一个寒冷的夜晚。他的父母正在听收音机里播放柏林游行庆典的场面。克鲁格回忆说："收音机播音员的声音好像不是在报道，而是在唱在哭的样子，在宣布一些难以用语言表达的事件，好像在帝国首都辉煌的大街上有一种难以形容的喜悦之情。"德国有了一位新的、年轻的、名叫希特勒的总理。收音机里传来群众游行和呼喊口号的声音，"然后又是哭泣和唱歌的声音，内容是关于德国复兴一类的"。

在那个冬天的夜晚，在德国每家每户的客厅里，人们都在收听收音机，在克鲁格听来，这好似"被救赎者的'哈利路亚'欢乐颂"。当然，人们的反应有很大的不同。在这个国家，一方面是仍然保留着那么一点中世纪农奴色彩的农民在耕种田地，另一方面是毗邻而居的现代化飞机工厂；一方面是热诚的君主思想者仍然津津乐道于他们所偏爱的霍亨索伦王朝贵族，另一方面他们的邻居却同时在宣扬马克思的理论；一方面妻子们还在回忆着在上一次大战中死去的丈夫，另一方面她们年轻的、头脑发热的儿子却在梦想着在未来一场大战中的光荣。

刚开始，许多没有卷入的家庭，就像克鲁格一家那样，不相信任何人会对国家的不幸带来太大的影响。接下来，在纳粹党掌权后几个月，正如克鲁格写的，"怀疑论者放下心来了"。赫斯特很小的时候就知道，"一个体面的德国人始终是不过问政治的"，但现在他也得到了一面纳粹三角旗，插在他的自行车上；这是他母亲从一位犹太商人那儿买来的。1933 年一个夏日的晚上，他发现他的父母在房间里读一本叫作《我的奋斗》的书。他回忆说："他俩如饥似渴地读着，眼睛睁得大大的，充满惊奇，就像孩子似的。"

比希特勒的文字更具威慑力的是那些旨在使他的政权神圣不可侵犯的各种仪式。在节假日，艾希坎普宁静的街道呈现出节日的气氛，克鲁格一家以及他们的邻居挥舞旗帜，唱着国歌，表示他们对帝国的忠心。连慈善活动都成了爱国圣会。小克鲁格回忆起他一家人为了响应一次全国性的活动，在一个星期日凑合着吃了只有一道菜的一顿饭，把他们节省下来的钱捐给穷人："我们全都吃的是粗糙的大麦汤，确信自己为国家做了点事情——这在艾希坎普是一种全新的概念。"

这一家人很快就接受了这个新政权，这是具有代表意义的，因为正如赫斯特指出的那样，他们属于那个庞大的"不伤害别人的德国人群体，他们绝不是纳粹分子，但没有他们，纳粹分子将根本不可能开展工作。"对于克鲁格一家以及类似家庭来说（他们本来在工作、学习和宗教信仰活动中很少有激情），希特勒及其追随者的那股狂热劲就足以让他们心旷神怡了。"艾希坎普的公民们正想让自己好好陶醉和狂喜一番。"

成千上万屈从于这种内心冲动去欢呼希特勒上台的德国人注定要遭受惊吓的。狂喜之后面临的是纳粹新秩序的现实——一场席卷一切的社会革命将把苛刻的行为标准不仅强加于学校、工作单位和教堂，而且强加于家庭内部。第三帝国的公民们很快将发现自己生活在一个阴森恐怖的世界里，到处都是监视者和被监视者。孩子背叛父母，妻子背叛丈夫，邻居背叛邻居。然后是不可避免的失望和幻想破灭。不过在希特勒的政府官员们真正控制住日常生活机构之前，情况还没有发展到这一步。

纳粹运动优先瞄准的最高目标是德国的年轻人。在纳粹党的理论家们看来，德国的成年人多年来受到太多危险思想的影响，已养成独立思考和独立行动的习惯了。而德国的孩子们还可以调教；可以让他们远离旧的思想，给他们灌输元首的新戒律。希特勒声称，"未来的德国青年必须身材苗条，像猎狗一样迅疾，像皮革一样柔韧，像克虏伯公司生产的钢铁一样坚硬。"这些比喻的说法没有一个指的是智力方面的能力。这不足为怪，因为希特勒本人就曾经是一个笨拙的学生，只喜欢体操和图画；他最重视的课程是他当兵时学的那些。他对教育的观点反映出他的偏见："我不会接受任何知识的培训。对于我们的年轻人来说，知识就是毁灭。一个在暴力方面很活跃、能支配他人、残忍无情的青年——那才是我所追求的。"

在1933年之前，德国的教育体制（从幼儿园到大学）因其综合全面性一直受到世界各国的推崇。然而，这一体制是德国的昔日帝国的产物，教师们（薪金较低，在魏玛共和国时期命运也没有多大的改善）主要倾向于保守主义和民族主义。其中一些教师公开反对闪米特人，一些警世文大量出现在课本里，如汉斯·格里姆的《没有空间的民族》——它预示了希特勒的"生存空间论"的出台。纳粹分子一旦上台，便马上利用这股反动潮流，赢得了包括基础教育阶段的教师们的支持。他们非常乐意屈从于纳粹分子，这从一则流传开来的谜语可以反映出："什么是最短的可以测量到的时间单位？一个小学教师改变其政治立场所花的时间。"

在中学里，由于一些教师鼓励学生独立思考，纳粹分子的宣传活动马上引起了令人心惊胆战的效果。其中感觉到这一点的是一个名叫希尔特冈特·扎森豪斯的

17岁中学生。1932年末，她在参加了希特勒的一次演讲会后，把她的感想写进了一篇言辞犀利的论文里。她写道："他洪亮的声音能够镇住人，但不能说服人。希特勒是一个精神病患者。"她的老师给这篇论文打了一个A。在希特勒成为帝国总理的那天，这位老师把扎森豪斯叫到办公室，退还了那篇论文。她以犹豫的口吻说，"拿去把它烧了。我们迄今为止曾经相信的东西，我们必须忘记！"

在纳粹统治的头几个月里，支持纳粹党的各学校行政官员解雇了身为犹太人、政治上不可靠或已婚妇女的教师（纳粹分子希望把已婚妇女限制在家务活上）。这一做法没有任何法律依据，刚开始是试探性的，但不久就加快了。很显然，一位教师的工作的稳定性取决于他对纳粹党的忠心。在希特勒上台后的几年中，97%的德国教师加入了纳粹教师协会。

1933年，无论学生们对教师队伍大清洗是否有印象，他们很快就被一些更为极端的措施镇住了。小学生们必须把自己那些五彩缤纷的帽子扔进火堆里。那些帽子的不同颜色标志着孩子们学业成绩的名次；现在，火堆结束了这种名次上的区分。不久，孩子们还把自己的课本扔进火堆里，或者看着书本被车拉到木浆厂，经加工处理再生为对帝国更有用的东西。薄薄的、介绍元首生平的小册子和其他教育宣传材料代替了厚厚的、介绍历史、文学和各门学科的图书。甚至连数学应用题也被

编成鼓励好战思想的东西："一架现代轰炸机能够携带1800 枚燃烧弹。如果它以每小时 250 公里的速度飞行、每秒钟扔一枚炸弹，那么，它需要飞多长的路程才能扔完这些炸弹？每个弹坑之间的距离相隔多远？"

由于纳粹政权致力于重振军备，学校里的体育训练时间增加了一倍多，同时逐渐减少了宗教教育、外国历史和文学等课程的时间。学生们不必再担心通过那些曾经叫人可怕的考试，而只需机械刻板地重复纳粹的生物学理论以及有关德国当代史的种种神话。纳粹教育家们对真理的鄙视最明显地体现在有关种族的教学上。当

德国的孩子们在认真阅读一本反闪米特人的课本《有毒的蘑菇》。跟一本名叫《别相信狐狸》（左边女孩手中拿的）的姊妹篇一样，这本书试图在幼小的心灵里灌输对犹太人的仇恨。

孩子们刚读一年级时，发给他们的初级课本的封面上印着一幅侮辱犹太人的讽刺漫画和咒语：“别相信犹太人的誓言！”在生物学方面，给学生们的教导是，他们自己所属的物种包括三个族类：北欧日耳曼民族、亚人类的斯拉夫人等民族和反人类的犹太民族。

很少有犹太人在课堂上听到这些夸夸其谈，因为犹太孩子从公立学校中被赶了出来。1933 年 4 月，《防止德国学校人数过多法令》规定非雅利安人的入学率为 1%。怀有敌意的师生们把这一比例中的许多犹太人孩子驱逐出去，让犹太社区去教育他们自己的孩子。一些完全犹太血统或混合犹太血统的青年继续留了下来，耳濡目染的全是对他们的民族带有公开轻蔑之意的教义。洛特·帕波克是一名嫁给基督徒的犹太妇女，她决定不让她 8 岁的儿子知道她的血统。她回忆说，一天晚上，那孩子从学校回来，告诉他的父母：“元首从来不睡觉，他为人民日夜操心。一个人在任何时候碰到犹太人，都要狠狠揍他们才是。”他的母亲无言以对：“血液涌上我的头脑。我此刻完全惊呆了，我不能说，‘瞧，这里就有一个犹太人正坐在你的面前——你自己的妈妈！’但是，孩子还太小、太天真，一个劲儿地在那儿吐出他所知道的一切，所以我们不敢对他说明。”希特勒的政府官员们不满足于处处控制学校系统，他们通过纳粹青年运动进一步渗透到学生、教师以及家长的生活中去。1933 年，500 多万德国青年参加了各种组织团体，这些

充满仇恨的初级读本

这里的几幅怪诞的插图出自种族主义思想的初级读本《别相信绿草丛中的狐狸和发誓的犹太人》（见左图）。这本书是煽动种族仇恨的出版商朱力斯·施特莱舍尔于1936年发行的，当时是作为圣诞礼物送给小学生的。两年后，施特莱舍尔又出版了《有毒的蘑菇》，这本选集里的故事都是警告孩子们与犹太人交往的危险。这两本书一共卖出了好几十万册。

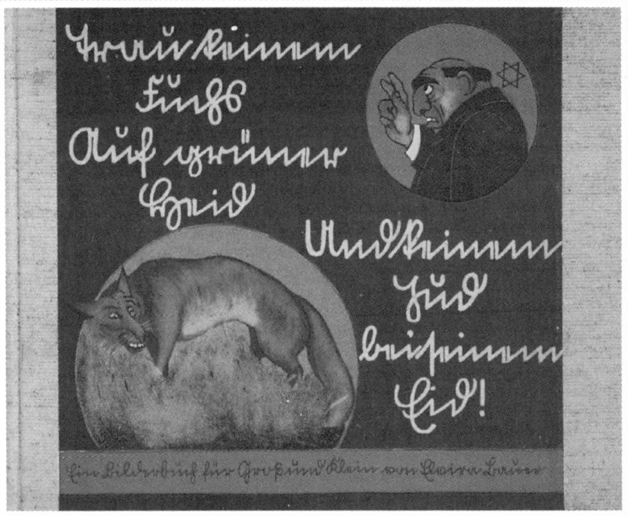

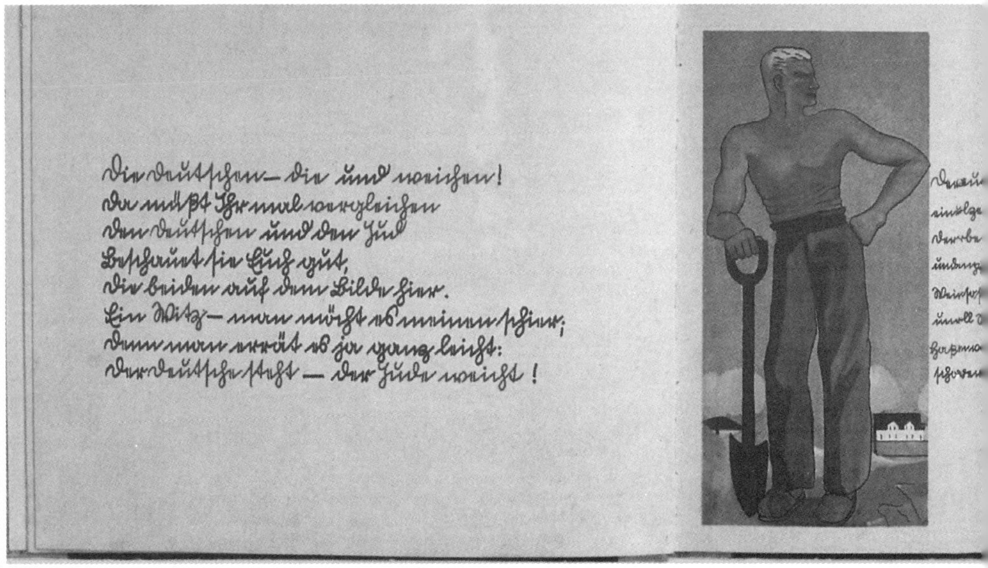

《别相信狐狸》一书的前言确定了该书的基调，即金色头发的雅利安人"勤劳善战"，而形象丑陋的犹太人被描述成"帝国里最大的坏人"。读本是用当时德国小学里普遍教授的书法体印刷的，关键句子用红色标示。

"那是施特莱舍尔！"
当这位反闪米特人出版商兼
弗朗科尼亚的纳粹地方长官
接受孩子们的献花时，他的
那些小崇拜者们叽叽喳喳地
这样叫喊着。施特莱舍尔告
诉孩子们"身为犹太人是什
么意思，身为德意志人是什
么意思"。

雅利安人的小娃娃们正
在奚落一群犹太人孩子和一
名被逐出学校的犹太人教师。
根据课本的后面内容，这下
可以教孩子们维持良好的"纪
律和秩序"了。

当一群犹太人被迫去过流亡
生活时，一名雅利安人男孩却在
快乐地弹奏着风琴。上方的牌子
上写着一句恶毒的话："单行道。"

137

组织强调体育运动、徒步旅行和野营训练，鼓励年轻人批评他们父母一辈的传统观念，把自己看作是未来的希望。当时很流行的一句口号是"青年人必须由青年人来领导"。1933 年 1 月，仅有 55000 名成员的"希特勒青年党"是这些组织团体中较小的一个。

这样的形势很快就得到了改变。1933 年夏季，希特勒任命巴杜尔·冯·施拉克（一个德国贵族家庭的 26 岁的儿子）为德意志帝国的青年领袖。施拉克是一个胖乎乎、略显女人气、性格上相互矛盾的青年；他来自贵族家庭，但却鄙视自己所属的阶级；他是一名学生运动的组织者，但却被学生会除名，未能读完大学；他写感伤诗，但却表现出摧毁一切反对力量的坚韧决心。在他的领导下，"希特勒青年党"成为西方国家未曾有过的最大的青年组织。

在一些强大联盟的帮助下，施拉克的组织很快就消除了竞争对手。1933 年 6 月，"大德意志联盟"（一个由保守派分子建立起来的、与"希特勒青年党"相抗衡的庞大的青年协会)的圣灵降临节营地遭到警察和"冲锋队"队员的围攻；野营者被遣送回家，两周之后，该联盟解散了。在其他地方，穿着褐色衬衫的"希特勒青年党"党徒同样干着肮脏的勾当，袭击对立党派的办公室，把搜缴到的档案文件交给权力机关去处理。到夏季结束之前，元首已经通过法令的形式把大多数尚存的协会组织兼并到"希特勒青年党"之中。到年底时，成员

伴着一片纪念花圈和浓烟滚滚的火把，纳粹帝国青年领袖巴杜尔·冯·施拉克正站在赫伯特·诺库斯的坟墓前作一篇广播讲话。诺库斯是"希特勒青年党"的一名 15 岁的成员，1932 年 1 月，他在柏林市内张贴标语时被刺杀。他的死成了"希特勒青年党"的一个号召力。

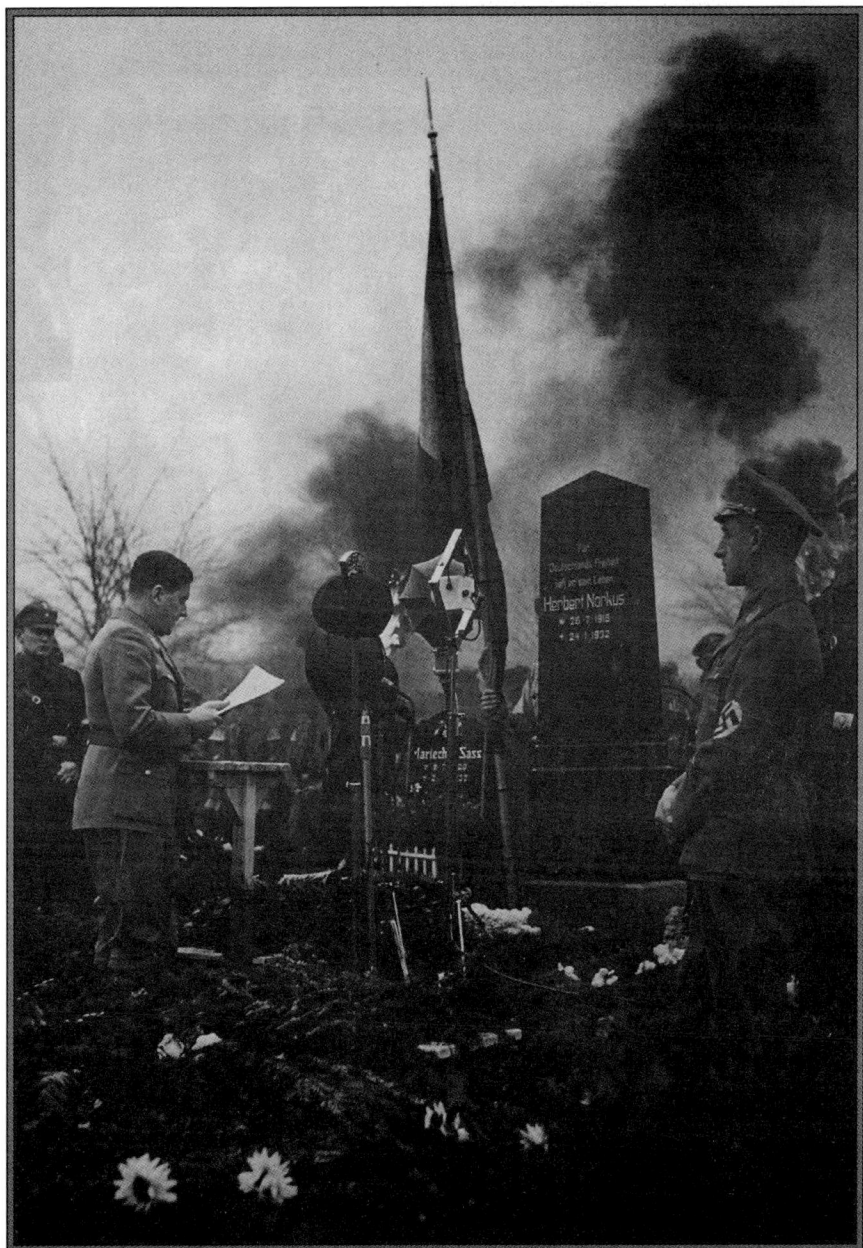

人数增加了 40 倍，达到 230 万，占所有年龄在 10 ～ 18 岁之间的德国人的 30%。

刚开始，"希特勒青年党"的成员都是本着自愿加入的原则，但对那些犹豫不决的学生采取软硬兼施的手段，只有最强硬的人才能抵抗得住。一群参加了"天主教青年俱乐部"的男孩被要求写一篇题目叫"我为什么没参加'希特勒青年党'？"的论文。布置这一作业的老师没有给孩子们留下多少选择的余地："如果你们不写这篇论文，我将揍你们的屁股，直到你们无法坐下！"当被问到他为什么老是经常打倔强不服的天主教孩子而不是纳粹孩子时，这位老师回答说："打一个穿着代表荣誉的褐色衬衫的孩子，那是违背情理的。"

大多数孩子很容易就穿上了那套褐色衬衫。一个参加最小年龄组（全由 10 ～ 14 岁的男孩组成的少年队）的孩子后来回忆说："我喜欢'希特勒青年党'是因为那种同志友爱精神。我充满了热情。面对同志友爱、忠心和荣誉这些崇高理想，哪个孩子的热情不会被激发起来？"此外，还有漂亮的制服、让人难以忘怀的游行庆典以及庄严地对元首宣誓效忠。对于一个十多岁的孩子来说，这是令他兴奋的事。为了有资格成为其中的一员、获得第一把短刀，他必须参加一些战争游戏，进行长达一天半的长途行军，在运动场上达到规定的一套最低标准，并通过有关纳粹奥秘知识的考试，包括记住《赫斯特·威塞尔之歌》的歌词。

然而，在经过几个月的集会、野营训练、场地游行训练、小型武器操练、信号语教学和信仰灌输之后，他的热情慢慢淡了下来。尽管登上了领导位置，他却发现"强迫要求绝对服从是令人不快的事"。

有些孩子对只比自己大不了多少的"希特勒青年党"领袖们制定的惩罚条例很是不满。一位刚加入的少年队队员回忆说，"一帮 12 岁的领袖们大声训斥一群刚入队的 10 岁孩子，在校园的操场和草坪上把他们撵得到处跑。行为上稍微有点抗拒不从，制服穿得稍微有点不整齐，游行时稍微有点迟到，都会受到额外加重训练的惩罚。不过，这种疯狂行为是有条理的：从孩提时代开始，我们就受到坚韧不拔和盲目服从等方面的训练。"

"希特勒青年党"的女子分队——"少年女子团"（年龄在 10 ～ 14 岁之间）和"德国少女团"（年龄在 14 ～ 18 岁之间）是按不同的路线组建的。对她们的身体训练要求降低了，而更强调的是家务活的掌握，这才符合纳粹党要求妇女服从和操持家务的信条。为了进一步提高这方面的技能，专门为 17 ～ 21 岁的女孩组建了一个特别组织。这个名称叫作"信念和美丽"的组织强调心灵手巧和家庭主妇的女性魅力的结合。长辫子和长及脚踝的连衣裙是符合常规的，任何打破常规、熨烫头发的姑娘要冒被人剃光头的危险。

除了参加"希特勒青年党"的活动外，还要求已完成小学教育的学生每年参加秋收。有些学生整个一年都在农业营地度过，上午劳作，下午接受国家社会党意识形态方面的课程学习。这些农业营地的年轻人在长达 9 个月的时间里没有任何假期，也不准家人来探访或举行宗教仪式。纳粹分子把这一经历吹嘘成让城市青年有机会同农民接触，抖落掉他们身上的书呆子气。普鲁士州的教育长官声称："真正的、伟大的、实用的学校不是

体现在教室里，而是体现在劳动营地里，因为在这里，教导和言辞停止了，而行动开始了。"

由纳粹分子发起的这些苛刻严厉的活动不仅远远没有普遍提高年轻人的健康和幸福，反而给这些年轻人造成了生理和心理上的痛苦。他们怨声载道，担忧不已，如大同学不停地欺侮小同学，再如行军距离过长和行军途中背负的东西过重所造成的双腿不正常。孩子参加了"希特勒青年党"后，也有可能在家里引起摩擦。有些父母是反对纳粹政府的，他们努力使自己的孩子不要参加这种组织，但效果甚微。社会民主党地下组织的一份秘密报告满怀忧愁地记录道，德国的父母们无法禁止自

左边这张海报上的姑娘笑容满面，她是"德国女子团"的形象代表。在这一类海报的影响下，德国姑娘们接受各种身体方面的锻炼和意识形态方面的灌输，如下图的腾空翻，或背诵纳粹烈士的名字。

己的孩子去做所有孩子都在做的事，无法拒绝让他穿其他孩子都在穿的制服。持不同政见的父母们也不能安全地忽视孩子的要求，孩子要求他们也"成为优秀的纳粹分子，放弃马克思主义，放弃对立，不要与犹太人打交道"。抛开政治上的冲突不说，父母们有时候要想让他们那些穿着褐色衬衫的儿子们和女儿们乖乖听话，都有一些困难。当叫一个10岁的团员同邻居家一个跟他年龄相仿的女孩一块玩时，他直率地回答道，"这不可能。我是穿制服的"。

纳粹青年运动所造成的最明显的恶果是教育质量的迅速下滑。学生们频繁缺课，去参加"希特勒青年党"的外出活动，老师们对此毫无办法。1937年，纳粹教师学会巴伐利亚分会的教师们在一份报告中公开抱怨说："普遍缺乏热心和奉献的精神。许多学生认为，他们可以随波逐流混上8年。"这份报告尤其批评了"希特勒青年党"的领袖们，说他们"举止不当，行为懒散。学校的纪律已涣散到令人吃惊的地步"。

年轻人的
统一标志

　　纳粹帝国青年领袖巴杜尔·冯·施拉克曾经断言："每一个具有德意志血统的人都属于我们一伙的，全都必须穿戴统一的服装，即'希特勒青年党'的褐色衬衫。"早在1926年，褐色衬衫就已确定为朝气蓬勃的纳粹分子的服装。但在街头暴力泛滥成灾的那些年头里，14岁以下的孩子是被禁止穿佩有卐字饰的褐色衬衫的，以防把他们误认为是"冲锋队"队员。

　　1933年，几种符合规定的"希特勒青年党"制服开始在经过严格审查的纳粹党服装专卖店"褐色商店"销售。所有成员都佩戴钻石形的卐字饰，但10～14岁的少年除外，他们在袖子上佩戴一个S形的古代北欧字母。

　　"德国女子团"的成员们刚开始领到的是一种简单的被称作"体操服"的褐色服装。希特勒对此表示反对："我们不想让我们的姑娘们穿戴得连任何男人都不愿多看她们一眼！"针对元首的意见，柏林的一群设计师们于1936年推出了一款时髦的新式服装。

在冬季，德国姑娘们穿登山夹克服（见上图），左边衣袖上有"希特勒青年党"的标志。一名从事救护工作的年轻姑娘的服装佩有尖旗饰。

褐色衬衫和卡其布帽子，配以短裤和领带，是"希特勒青年党"成员的夏装。1934年，蓝色滑雪服和帽子开始用作冬季的制服。上图中的喇叭配有"德国少年团"的S形古代北欧字母。

因此，纳粹学校体制的结果普遍不尽如人意，这不足为奇。德国的军官队伍本来是世界上受过最好训练和最好教育的队伍，但一位权威人士却发现，想加入这支队伍的德国毕业生们"不可思议地连基础知识都很缺乏"。享有盛名的中学毕业会考是进入大学必需的资格考试，但许多年轻人开始怀疑它的价值。到30年代末期，20个学生中就有17个不得不辍学去当学徒工或工人。

纳粹党的教育改革路子（其主要特征是：计划庞大、手段残忍、执行混乱）对大学同样有着摧毁性的影响。像德国的公立中小学一样，大学在1933年也遭到了清洗。全国的大学教师中有15%因为是犹太人或政治上认为不可靠而被解雇。此外，许多具有独立思想的学者和研究人员看到纳粹的做法后纷纷离开德国。一些敏感的科学领域损失非常严重，使纳粹德国一直未能从中恢复过来。希特勒的教育部长伯恩哈德·拉斯特曾经问哥廷根大学的一位数学家戴维·希尔伯特，问他的系里是否因解雇犹太人而遭受了损失。"遭受损失？"希尔伯特回答说，"没有，它没有遭受损失，部长先生。它只是不再存在了。"

大学生们也有"希特勒青年党"的同等组织——"德国大学生协会"。它也受施拉克的指挥。早在1926年，施拉克就开始在大学校园里为纳粹党活动了。到1933年1月，他的协会声称全国已有一半的大学生是它的成员。他们参与了穿越柏林的庆祝游行，并且在5月份把

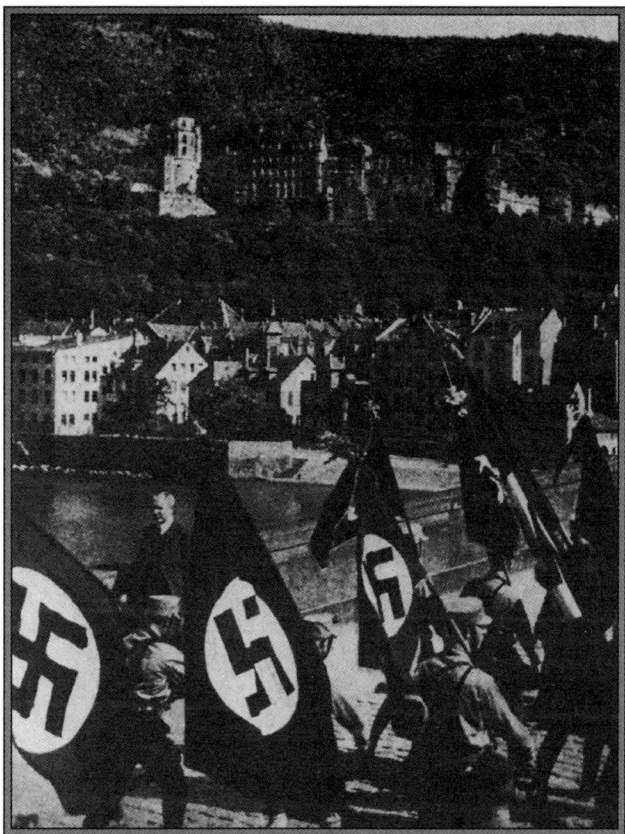

穿着"冲锋队"制服的大学生们游行经过海德堡的一座大桥。纳粹控制的"德国大学生联合会"和"冲锋队"的破坏性活动（在校园里进行准军事化训练）使许多大学生不再注重学业上的追求。正如一名学生领袖所说："我们根本瞧不起那些静静地待在象牙塔里的聪明学生。"

2万册被认为威胁纳粹国家安全的图书付之一炬。不久，加入该协会成为强制性要求，学生们必须放下书本，到"冲锋队"营地受训两个月、劳动营地受训4个月，然后才能毕业。这些强制要求固然减少了校园的过分拥挤现象，但也降低了教育水平。刚在纳粹的中学体系里混过几年的大学一年级新生连修订过的、难度要求已大大降低的大学课程也不能适应，多数学生第一年还得补课。

由于接连不断的行军、集会和营地训练，他们一直没有时间把功课赶上来。不顾一切的教授们被迫大幅度降低要求，以保证足够的人数毕业。

对纳粹教育者来说，更糟糕的事情是，大学校园里刚开始出现的那股热情已逐渐变得冷淡下来，参加党的大会和群众集会的人数渐渐少了下来。1935年，纳粹分子在科隆大学组办了一次"五一"庆祝会——这是第三帝国的一个官方节日。在这所大学的3000名学生中，只有200名参加了这一活动。甚感震惊的学生领袖们强制性地要求学生会组织学生到会场，以增添气氛，然而，正如集会的一位组织者所承认的那样，这种强迫出来的学校精神面貌是"纯粹的欺骗"。

大学校园里的这一类事件反映出一个危及整个纳粹青年运动的问题，即青年们对政府的强制性方法越来越不满。到30年代末期，已有少数反叛者开始公开向权力机关发难。工人阶级的青年子弟拉帮结伙，在街头游荡，经常与"希特勒青年党"的小分队发生冲突。中产阶级的不满分子聚集在城市的俱乐部里，飘着长发，跳着被纳粹宣传家们视为有伤风化的扭摆舞。一位"希特勒青年党"的告密者这样报道在汉堡举行的一次扭摆舞秘密集会："在大厅的入口处张贴着一张告示，原来的'禁止扭摆舞'字样变成了'需要扭摆舞'。参与者跳着舞，唱着歌，毫无例外地都唱着英文歌曲。事实上，在整个晚会上，他们打算只说英语；在有些桌边，还有说法语的。乐队演奏的曲目越来越疯狂，没有哪一位乐手是坐着的；他们在台子上全都像疯狂的野物，一边吹奏着，还一边扭着'吉特巴'舞步。有几个男青年在一块跳着舞，嘴里始终衔着两支香烟，一边嘴角一支。"

纳粹官员们从最开始就意识到，公立的中学和大学不可避免地会存在一些不同的观点，不可能成为第三帝国未来领导人物的最佳培训基地。新秩序需要的官员和行政管理人员是既有能力同时又没有受到颠覆思想影响的人。这些素质可以通过建立一些特别的学院来培养。在始终显得很混乱的纳粹政权体制下，有好几个机构——帝国教育部、纳粹党、"希特勒青年党"、"冲锋队"、"党卫队"——都争着想获得培养这种人才的殊荣。结果建立的是两种处于对立系统的精英学校。

1933年，"冲锋队""党卫队"和教育部好不容易达成了一项协议，共同建立一种被称作"国家政治教育学院"的男生寄宿学校。这种学校原本承袭普鲁士军校的做法，既为军队又为政府培养领袖人物。但没等多久，"党卫队"就渐渐控制了这种学校，把侧重点放在军官的培养上，结果扩展了海因里希·希姆莱的武装势力。

每一所"国家政治教育学院"（到1938年时已有21所）每年从10岁男孩中招收约400名新生。在把名额留给纳粹党要员、政府官员和军队干部的儿子后，其余的名额要通过筛选，大约100名被选中的要经过严格的入学考试。这种考试要持续好几天——上午是文化知识测试，下午是体育项目竞赛，晚上是军训。2/3 的候选人会落选。侥幸过关者从此离开家人，接受 8 年的军事训练、政治灌输和断断续续的基础教育。毕业生当然得达到"党卫队"对候补军官的要求，不过，根据一位"党卫队"将军的监察报告，从这种学校出来的毕业生，其文化知识水平"要低于普通文法学校的毕业生"。

1937 年，纳粹党实施了一项在"阿道夫·希特勒学校"培养自己的领袖人才的计划。录选的主要标准是符合雅利安人种的外表和加入"希特勒青年党"后头两年里的优秀表现。凡是种族遗传审查合格、在长达两周的评审会上表现令人满意的 12 岁男孩，无论其父母意愿如何，都要进入"阿道夫·希特勒学校"。在那里，孩子们一天要上 5 节体育课，只有一节半的课是文化学习。教室里的气氛还算随和，但军营和方队训练场上的生活是有严厉的纪律约束的。最终建立了 10 所领袖人才培训学校。这些学校的毕业生学会了铺床、叠被子和擦枪的统一方法，但不会做其他事情，这使他们很难得到别人的尊重。

由于希望培养出一支精英阶层，纳粹党在 30 年代末期还创办了 4 所精修学校，招收"阿道夫·希特勒学校"出来的优秀毕业生和其他有培养前途的青年纳粹分子。这些被称作"秩序之城堡"的学校试图重新创造出一种中世纪的骑士风范。事实上，这些学校就是一些城堡，位于偏僻的风景优美之地，每所学校有 500 名统一着装的教职员工负责 1000 名学生的教育和培训。这些学校的建筑物装饰华丽，其中包括当时世界上最大的一座体操馆和能容纳 1500 人就座的大理石铺就的餐厅。另外，在政治灌输之外，还增添了一些从外国引进的体能训练计划。学生们一年四季往返于各个城堡之间，掌握航船、滑翔、滑雪、登山和骑马等技能。按纳粹党组建者罗伯特·莱伊的说法，训练骑马这项技能是为了让小伙子们"感觉到自己完全能够控制住一头生物"。

这些纳粹特别学院毫无例外地都不招收女孩，这并不是疏忽大意。早在 1921 年纳粹党的第一次大会上，纳粹分子就已认定："决不能把女人接收进党的领导岗位。"希特勒及其同党心目中的帝国是一个男人被尊奉为战斗者和提供者、女人主要作为养育者和服务者的帝国。纳粹分子抨击魏玛共和国时期的性别平等运动，那一运动使妇女们获得了投票权，使她们在一个父权社会里的地位得以缓慢上升。到 20 年代末期时，德国国会里的妇女代表比其他任何一个西方国家都多。1933 年，德国妇女的就业率是美国的 4 倍。

国家社会党上台后便倒行逆施，把已婚妇女从工作岗位上赶了下来，并对所有妇女的升迁设置障碍。政府的一些指令禁止已婚妇女从事公务员工作，严格控制大学里的女生人数，还禁止妇女从事法官、公诉人或陪审团成员的工作。一份报纸在解释后面这条政策时是这样说的，女人"不能进行逻辑性的思维或客观性的推理，因为她们只受情感的支配"。

　　然而，妇女们继续在经济活动中起着重要的作用。随着30年代中期经济萧条的缓和，男人们开始大批回到工作岗位上，妇女在劳动力中的比例略有下降，从大约1/3降到1/4。然而到了1937年，德国的新一轮军备计划使劳动力短缺，这样，身不由己地处于相互矛盾情形下的纳粹官员们不得不鼓励妇女们出来工作。妇女们逐渐地可以有机会到大城市去找报酬更高的工作，而把农场上的仆役工作和艰辛生活抛诸身后。这一趋势变得如此严重，政府不得不于1938年颁布法令，要求从事某些较好工作的妇女首先必须在农场上劳动或做家务活一年，经历所谓的"履行职责年"。

　　如果说政府未能限制住妇女们的经济地位，那么在改变她们的外表和习惯方面，它做得更为成功。纳粹党把时髦衣服、化妆品和妇女穿的工装裤等这类东西视为魏玛时期堕落生活的表现。保持苗条的身材和吸烟被认为对生育有害，因此是不符合德国人的行为标准的。纳粹官方所宣传的理想的妇女形象是身体丰满、臀部肥大、脸部清秀、衣着整洁、不施粉脂的农家姑娘，金色的头发应该梳成小团或扎成辫子。那些有意与这种模式作对的人会遭到她们所属职业组织的纪律处分，被开除公职，或者被公开谴责为"脸上涂着印第安人油彩的荡妇"。那些顺从时势的妇女有更多的机会获得一个男伴，

在一所学校操场上蹦蹦跳跳准备回家的年轻姑娘们代表了纳粹政府所倡导的心情舒畅、外表纯朴的女性形象——简单朴素的衣着、梳成辫子或往后拢成一把的头发、充分展现生育能力的身材。不过，希特勒本人喜爱"气质优雅、身材苗条"的女人。

因为在一个不断经受战争伤亡的社会里，女人大量剩余。1935年的一则征婚广告道出了当时有抱负的男子所追求的理想女性："某男，52岁，内科医生，纯雅利安人种，参加过坦嫩贝格战役，现在想过定居生活，想要一男孩，所以欲求一年轻、健康的纯雅利安人种的未婚女子结婚。要求对方不苛求，适于做重活，节俭，平足，没有耳环，如可能，没有钱更好。"

德国的妇女们对纳粹分子限制自由的行为并未做出多大的反抗。大多数妇女屈从于这一新的时尚。（一位美国记者在30年代写道："德国女人的朴素让我深为吃惊。她们比英国女人过去穿得还要糟糕。"）在纳粹党的压力下，她们纷纷加入"德国妇女联盟"。

该联盟教她们学煮剩饭剩菜、用德国优质布料做衣服、抚养婴儿等技能。尽管该联盟能容忍一定的女权主义抗议声，但它基本上鼓励妇女接受她们作为二等公民的地位。德国妇女领袖杰特鲁德·萧尔茨－克林克声称："即便我们的武器只是汤勺，它的影响力应该像其他武器一样大。"尽管官职很高，萧尔茨－克林克本人对纳粹的政策制定者们影响甚微，一些讨论有关妇女

在乌尔姆的一家餐馆的显眼处挂着一幅印刷体标语："德国女人不吸烟"。纳粹分子禁止妇女吸烟的运动有时候是由"冲锋队"强制执行的。"冲锋队"队员首先会大叫道，"元首不赞成！"，然后猛地从一位女人的嘴上夺走香烟。

问题的会议还不让她参加。

尽管在第三帝国里一个女人的工作经常受到贬低，但她生育孩子的能力却被赞扬得有点过了头。增加德国人口是希特勒政权所关心的一大主要问题，其本意是要建立和保持一支庞大的军队。1900 年至 1933 年间，因为战争、经济不稳定和人们对避孕方法的逐渐认识，德国的出生率下降了 50% 以上。国家社会党推行了好几次运动（所谓"民族的生殖细胞"运动），鼓励人们组建家庭，扩大家庭人口。最有效的措施是财政上的支持——结婚贷款、生育奖金、家庭津贴等。在种族上、心理上和生理上都被认定合格的新婚夫妇，只要妻子不上班工作，都可获得高达 1000 德国马克的无息贷款。偿还金额定为每月 1%，这对于每月平均挣 150 德国马克的普通家庭来说，是一个相对较轻的负担。每生下一个孩子，就免除 1/4 的贷款。1937 年，对女性就业的限制取消了，但如果妻子工作的话，贷款偿还金增加 3 倍。那些有 4 个年龄在 16 岁以下的孩子的家庭可以享受额外的奖励机制。有为每个孩子一次性给予 100 德国马克的奖金制度。每个月，家里都会收到一笔津贴：第三个及第四个孩子每月有 10 马克，再往后的孩子每人每月有 20 马克。

德国夫妇们对这些诱惑条件做出了事先所希望的反应。出生率从 1933 年的 14.7‰ 蹿升到 1934 年底的 18‰，到 1939 年升到 20.4‰。在帝国的头 6 年中，结

婚贷款发放了110万；至少有98万因为出生的孩子而被部分免除。纳粹分子不仅给这项工程投放了大笔资金，还充分调动了他们的宣传机器。生儿育女的行动被冠之于"为元首捐献孩子"。"家庭"这一词成了荣誉的象征，只有那些至少贡献出四个孩子的夫妇才配得上这一殊荣。那些进一步"捐献"的妇女会得到"母亲十字勋章"：第五胎是铜质勋章，第六胎是银质勋章，第七胎是金质勋章。

政府一方面鼓励人们行为一致，另一方面严厉惩罚反对力量。堕胎被视为"蓄意破坏行为"，实施堕胎

一位纳粹官员的妻子（上图）在展示她家中的第七个孩子，这个孩子的诞生为她赢得了"金牌母亲十字勋章"（见右图）。纳粹政府鼓励夫妻多生多育，也鼓励离婚。

手术的医生将被判长期坐牢。避孕药品的生产和销售尽管是合法的，但为它们刊登广告是被禁止的。由于纳粹政府只对增加健康的德国人口感兴趣，因此，被认为有无法传宗接代等缺陷的人必须强制性地接受绝育手术。

尽管官方给了这一切关注，德国家庭的麻烦却变得越来越深重。崇尚武力的孩子们由于受到他们所参加的那些狂热组织的影响，根本不在乎关心自己的父母，更不用说尊重了。他们还被鼓励向权力机关告发言辞不当的长辈们。有时候，孩子们不知不觉中就成了自己父母的告密者。1934 年，柏林的一个小学男生在听了他的老师一番反闪米特人的言论后，天真无邪地反驳道："我爸说犹太人并不是可怕的恶魔。"结果，他的父亲遭到逮捕和折磨。还有些情况是父母被邻居出卖了。如果一对夫妇被判定为不顺从分子，比如说，有犹太人朋友，或信奉耶和华，那么他们的孩子将被带走，由一个更可靠的家庭来抚养。

嫁给地位较高的纳粹党官员的女人也要冒险经受一种不同形式的惩罚——过着一种所谓的"政治上寡居"的生活。遭受这种命运的妻子抚养长大的孩子往往具有反叛精神，因为她们的丈夫沉浸于官僚事务，很少能顾及家庭。生活在这种家庭里的女人不能跟她丈夫离婚，但是，如果她给他的党务工作添了麻烦，他可以跟她离婚。（在另一种情况下，至少有一位妇女被获准离婚，因为她的丈夫挖苦她加入了"德国妇女同盟"）在

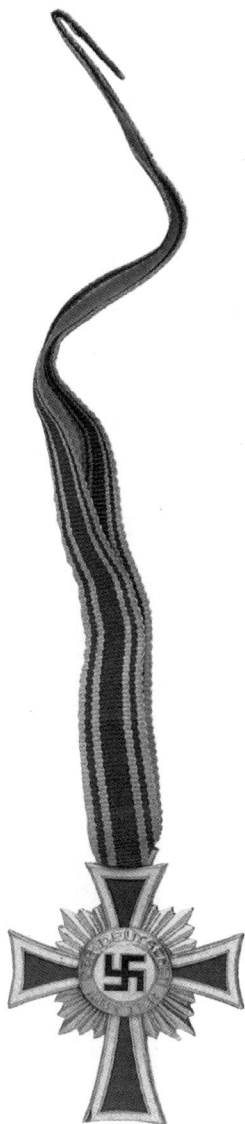

纳粹分子掌权的头 6 年里，结
婚率上升了 20%，出生率上升
了 45%，但离婚的案例也上升
了 50%。离婚的普遍原因固然
包括没有孩子和政治上的互不
相容，但也包括一些中年纳粹
官员休掉他们的中年妻子是因
为喜欢更年轻、更有吸引力的
伴侣。在希特勒的怂恿下，海
因里希·希姆莱梦想培养出一
批在生物学和政治学方面都很
纯洁的年轻女性甘愿充当纳粹
领袖们的新伴侣，取代那些"善
良、可信的家庭妇女，她们在
革命斗争时期是完全合格的，但现在不再适合她们的丈
夫了"。

　　在社会的各个阶层，对具有雅利安血统的人的婚
前性行为及其私生子的限制比较宽松。纳粹党和希姆莱
的"党卫队"都为其已婚和未婚成员的伴侣建立了舒适
的护理中心。大型的政治集会往往为未婚的小伙子们提
供了向元首捐献孩子的大好机会。1936 年的纽伦堡集
会使 900 名年龄在 15 ～ 18 岁之间的女孩怀了孕。

　　婚礼越来越带有世俗色彩，向元首和国家庄严宣
誓补充或替代了宗教上的誓言。正如"希特勒青年党"

纳粹帝国妇女领袖杰特鲁德·萧尔茨－克林克（下图）在1938年访问奥地利时接受纳粹式敬礼。尽管萧尔茨－克林克经常出现在希特勒的身边（左图），她基本上只是做做样子，给纳粹政权增添一点生气，她也号召妇女同盟中的其他妇女学她的样子。妇女同盟的饰针（靠近的左图）上有几个单词的缩写字母，代表"信仰、希望和慈善"。不过，该同盟的活动并非都是慈善性的，其中一些成员是早期一些监狱的女囚犯看守。

的一位女子领袖所说，这种婚礼仪式反映了这一思想，即"婚姻的目的是为了履行一项国家的职责。仪式中的宗教内容非常空泛，实际上，可以说是含糊混乱"。这并不是一种孤立的现象。在纳粹的统治下，德国人的信念基石正在受到冲击。

1933年的德国已不再是一个宗教气氛很浓厚的国家。克鲁格一家的态度可能具有代表性。尽管如此，在马丁·路德的家乡，教堂仍然是人们的圣堂，成千上万的人仍然把上帝视为最终的权威。这种对宗教的忠心耿耿是希特勒所憎恶的。

名义上，这个国家2/3是新教徒，1/3是天主教徒。天主教会的主要势力集中在巴伐利亚，政治上非常强大，因为它控制着天主教中心党，该党在魏玛共和国的大多数时期一直是国会中联合统治力量的一部分。新教徒尽管人数众多，但效力不那么强，因为他们的宗教组织是不集中统一的，他们的政治影响力分割成了好几个党派，不过，这些党派正在朝着趋于一致的方向发展。

从一开始，纳粹党就对宗教价

159

值观念口惠而实不至，提倡一种所谓的积极基督教。除
了反对犹太人和马克思主义，积极基督教到底指的是什
么意思，纳粹分子从未做出解释。在夺取政权之前，希
特勒尽量避免与各教派发生冲突。实际上，他支持他们
的独立性和在国家事务中应有的地位，他还反对共产主
义，拥护德国的道德复兴。他曾对千千万万的基督教徒
坦然承认："我需要巴伐利亚的天主教徒，正如我需要
普鲁士的新教徒一样。"

希特勒是在一个天主教家庭里长大的，但他对罗
马教会一直不抱多少好感。私下里，他很鄙视那些"虚
伪的牧师"及其"邪恶的迷信思想"，他手下的纳粹分
子曾在国会里与天主教中心党的代表们激烈辩论过。他
对梵蒂冈的权力仍然抱着既钦慕又恐惧的复杂心理，他
不愿与罗马发生直接的冲突。

希特勒与新教各教派的关系要随和得多。处于控
制地位的新教教派——路德教派——喜欢引用圣保罗的
名言："现存的权力是上帝的旨意。"他们的领袖人物
是一批具有强烈父权思想和爱国思想、对民主改革老是
抱着怀疑态度的牧师。在魏玛共和国行将垮台的最后几
年里，路德教派发现希特勒关于建立一个新的强大的德
国那套思想有许多吸引人之处，一些教徒甚至认为他的
那套积极基督教的计划是上帝的福音。

有了这样一个好的机会，纳粹分子于 1931 年积极
参与了新教的一些事务活动。他们帮助组建了所谓的"德

国基督教信仰运动"，类似于"希特勒青年党"和一些
行业组织。在尤克姆·霍森菲尔德牧师（后来成了纳粹
党在宗教事务方面的顾问）的领导下，"德国基督教信
仰运动"渗透到新教的各大教派之中，宣扬极端民族主
义和反闪米特主义，号召忠实分子与马克思主义者及天
主教徒进行政治斗争。霍森菲尔德牧师把他的组织描述
为"耶稣基督的'冲锋队'"。

　　希特勒在新教徒中日益增大的影响力使处于少数
派的天主教领袖们感到不安，他们担心，如果他们继续
反对纳粹党的话，就会遭受迫害。希特勒在被任命为总
理后的几个月，曾要求天主教中心党和巴伐利亚人民党
通过那项使他获得绝对权力的《授权法》。天主教徒们
违背自己教会的意愿，与纳粹分子和保守派分子一同投
票，赞同在德国结束民主，发起了第三帝国。

　　一旦铁了心后，大多数天主教和新教牧师便拥戴
他们的新独裁统治者。一位美国观察者这样记录道："他
们很信任他。他们觉得有必要让一只强有力的手来控制
住这个国家。"在公开场合，希特勒表达了他的友好回
应，他对已被驯服的新国会说："国家政府把这两种基
督教教派都视为维护社会稳定的最重要因素。教会的权
力不会受到削弱。"与此同时，希特勒在私下里流露了
他的真实想法，他曾对他的心腹们说，他是出于政治原
因才暂时容忍教会的。他说："这不会妨碍我终有一天
要把基督教从德国连根拔掉。一个人要么是基督徒，要

么是德国人。一个人不可能两者都是！"

希特勒在国会讲话之后不到一周，德国天主教的主教们便宣布，他们"以前那些有关对纳粹运动的一般警告和禁令不再被认为是有必要的了"。得意扬扬的希特勒马上抓住这一机会要让天主教批评家们永远不再开口。几天之后，副总理弗朗兹·冯·巴本（天主教中心党的前领袖）前往梵蒂冈，与梵蒂冈宗教事务大臣尤金尼奥·帕齐立红衣主教和未来的教皇庇护十二世进行谈判，签署了一项协议。梵蒂冈要求保护它的德国籍神职人员免遭迫害，反对把新教确立为国教（这很明显是"德国基督教信仰运动"的目的）。希特勒要求梵蒂冈禁止它的神职人员及其附属组织参与德国政治。协议很快就达成了。

与此同时，路德教派向希特勒靠得更近了——结果自取灭亡。领袖们把 28 个地方教会重新组成一个帝国教会，同属于一个单一的主教，这样更有利于帮助德国的复兴。只要主教是一名纳粹分子，希特勒就会同意。他胡乱地挑选了一个 50 岁的、名叫路德维希·穆勒的随军牧师。但路德派分子由于很注重今后分享政治权力，便选了一个他们自己的人。希特勒对这一举动表示"深深遗憾"。普鲁士州政府接管了一些较大的路德教地方教派，解雇了它们的神职人员，代之以"德国基督教信仰运动"的一些狂热分子，这些狂热分子自称是耶稣·基督的受托人。一位德国基督教牧师兴奋地说，"一位

穿着传统服装的妇女们同纳粹分子一道参加路德维希·穆勒（讲台后面）当选为帝国教会主教的授职仪式。穆勒是在 1933 年 9 月的一次由"德国基督教运动"成员控制的宗教会议上当选的。

穿着褐色衬衫的德国人第一次进入了教会机构。"由于事态的变化,穆勒宣称自己是帝国选举出来的主教,他很快组建了一套新的教会机构,以使自己的任职合法化。

1933 年 7 月 14 日,希特勒叫他的内阁通过了与梵蒂冈的条约和第三帝国教会宪法。9 天后,"德国基督教组织"通过一次特别的教会选举获得了对帝国教会的控制权。8 月 1 日,一位瑞典记者惊恐地注意到,200 名"德国基督教组织"的牧师在召开一次地方教会会议时,"都穿着褐色制服和马靴,腰上、肩上都束着皮带,还有各式各样的卐字饰、表明不同级别的徽章和奖章"。他还注意到,在会议结束时,演奏了"那首让人倒胃口的《赫斯特·威塞尔之歌》。整个过程只能描述为宗教上的愚昧"。

1933 年 7 月 20 日,德国副总理弗朗兹·冯·巴本(最左边)出现在罗马,与尤金尼奥·帕齐立红衣主教(中)签订梵蒂冈同希特勒之间达成的宗教契约。希特勒同意宽容天主教组织,但宣称德国的天主教徒必须"毫无保留地为新建立的国家社会党统治的德国服务"。

天主教领袖们在这种新的合作伙伴关系中虽不那么炫耀，但热情并不逊色。牧师们用卐字饰装点着他们的教堂，做弥撒时唱《赫斯特·威塞尔之歌》，在布道坛上赞扬希特勒。"天主教工会"和"牧师联合会"被迫解散。尽管天主教各青年团体仍然固执地保持着自己的特性，天主教大学生们却对元首宣誓效忠，并学会了行纳粹举手礼。

事态的发展使新教和天主教两种教派中都有一些牧师起来反抗。路德教派的传统保守分子察觉出穆勒主教的手下人在布道中有亵渎神灵的言辞，其中一个家伙曾声称："基督通过阿道夫·希特勒来到我们心中。"1933年秋，抵制纳粹分子干预路德教事务的斗争集中体现在柏林一位挺有影响的牧师马丁·尼莫勒身上。尼莫勒在第一次大战期间曾当过德军潜水艇作战指挥官，他支持希特勒的民族复兴事业。但是，当纳粹分子试图加入一则禁止非

1933 年 7 月，在新成立的帝国新教教会理事会会员的选举活动期间，支持纳粹的"德国基督教运动"的一名成员（左）和对立的"青年改革派"的一名成员分别散发竞选纲要。由于有希特勒的一份广播演讲稿的支持，"德国基督教运动"在这次竞选中占了上风。

雅利安人牧师主持路德派教徒忏悔信仰的条款时，他却畏缩不前了。尼莫勒散发了一封密信，号召他的同事们回到《圣经》和《新教改革忏悔书》上来。2000 名牧师很快加入了他的"新教牧师紧急联盟"，抵制纳粹化运动对他们教派的渗透。

11 月，当帝国主教穆勒在柏林召集 2 万名支持者欢呼建立"一个强大的、新型的、无所不包的德国人民教会"时，尼莫勒的支持者们被激怒了。当时，一位演讲者在集会上说，《圣经》的《旧约》部分因为"含有犹太人道德回报的内容和关于牛贩子及纳妾的故事"，应予以抛弃，而《新约》里有关"保罗大师"的那部分内容也应删除。这一番言论使更多的教会人士加入了尼莫勒的阵营；到 1934 年 1 月时，他的联盟成员大约达到了 7000 人。

由于遭到反抗，纳粹政府便动用它日益壮大的警察力量来承担这一切。"盖世太保"的特工人员鼓励去教堂的人揭发那些持不同观点的牧师，一旦被揭发，他们将被禁止再上讲坛。1 月 24 日，一位违反此禁令的柏林牧师被 5 个年轻恶棍从床上拖下来，毒打了一顿。第二天，希特勒施展了他本人的恫吓手段。他把尼莫勒及另外 11 位路德教领袖人物叫到他的办公室，指责尼莫勒在一次已被人录下来的电话谈话中有对国家不忠的言论。尼莫勒坚决否认这一指责，但他的 11 位同仁马上就从"新教牧师紧急联盟"中退了出来。希特勒事后

由于谴责路德教会的纳粹化运动，马丁·尼默勒遭到"盖世太保"的追逼。他曾说："上帝给了撒旦一只自由的手，这样可以看清我们是什么样的人。"

曾得意地说，他们"全都吓得发抖，一看就已崩溃了"。

当天晚上，"盖世太保"袭击了尼莫勒的家。几天之后，一颗炸弹在他家的门道里爆炸。他被迫离任，而他手下那批不太有名的一帮人全被送进了集中营。尼莫勒继续抵抗，直到1937年他自己也被送进集中营，因为几天之前他在布道时曾大胆地说，"当上帝要我们说话的时候，我们不能再按某人的意旨保持沉默了。"

与此同时，德国的天主教徒们在揣度希特勒有关尊重宗教传统的许诺是否值得相信。尽管与纳粹政府签立了一项铁定的合同，但这不能保证天主教就不会遭到纳粹党徒的残酷对待。1934年初，纳粹党放纵"希特勒青年党"的成员去欺侮天主教各青年团体，想迫使他们就范。"党卫队"也袭击了其他的天主教组织，强制性地解散了它们并没收了它们的财产。少数杰出的德国天主教分子并没有被吓倒，他们勇敢地抗议纳粹党违背宗教教义的政策。明斯特市的克莱孟斯·奥古斯特·加伦主教就是其中的一位，他在1934年给自己的教区签发了一封公开信，批评纳粹党的强制性清剿政策。但是，多数身处权威地位的天主教分子与政府保持一致,默默地祈祷形势会有所好转。

这一希望一直延续到 1934 年 6 月 30 日,这一天,希特勒授权进行了那场臭名昭著的、主要针对桀骜不驯的"冲锋队"领袖们的"血腥大清洗"。然而,在那份长长的、被列入清除和枪杀对象的敌人名单上,有好几位直言不讳的天主教活动家和作家。从这些谋杀行动来看,不用再怀疑希特勒要钳制住任何基督教派言论的决心了。梵蒂冈沉默不语,同时,一位处于新教领导位置的主教还给希特勒发去一封电文,表示"最热情地感谢您采取的坚定的挽救行动,并致以最美好的祝愿和重新保证不可动摇的忠诚"。

在有效地使各个现存教派保持中立立场后,纳粹分子着手发展他们自己的宗教,他们用那些歌颂纳粹政权的世俗方式代替基督教的各项仪式。纳粹党提出一些指导方针,意在使纳粹的仪式"具有宗教上的礼拜仪式特征,并将世世代代有效"。这些仪式开始时是诗歌般的公告宣读,然后是短暂的忏悔祈祷和行礼拜式。最后结束时,还要向元首行礼,唱国歌和《赫斯特·威塞尔之歌》。孩子们必须学会饭前的祈祷词:"元首,我的元首,您是主派来的,在我活着时保护我、成全我。"

为了使人们从基督教的传统日历中脱离出来,纳粹分子推行了一系列非宗教性的、反映重大政治事件的节日:1 月 30 日的纳粹夺权纪念日;4 月 20 日的希特勒生日;五一节;6 月 21 日的夏至日;9 月份的纽伦堡

1934 年末，在一群"冲锋队"队员和其他一些民族主义分子的团团包围下，一名新教教派的教区长向纳粹旗帜祝福。由于担心一些教会人士的抵抗，帝国教会的领袖们坚持认为，牧师应该像军人和公务员那样，宣誓对希特勒效忠。

集会日；10 月份的丰收节；11 月 9 日的"慕尼黑暴动"纪念日；12 月 21 日冬至日那天取代圣诞日的圣诞节假期。这种新的日历尤其得到希姆莱的"党卫队"的狂热遵守，他们通过在施洗礼、婚礼和葬礼上实行自己内部的一套仪式使这一趋势进一步朝着世俗化宗教的方向发展。一次典型的"党卫队"婚礼仪式是这样的：在火把的照耀下，人们吟唱瓦格纳歌剧中的叠唱片断，朗读古代斯堪的纳维亚人的神话故事，相互交换面包和盐。在"党卫队"的施洗礼仪式上，人们表达的是对"我们德国血统的神圣职责"的信仰。

事实上，这些仪式以及纳粹党推行的其他类似活

动主要是在那些想在纳粹政权中往高位上爬的人中间流行，而普通大众对此并不怎么在意。不错，希特勒受到成千上万德国人的顶礼膜拜。但是，他的这种个人崇拜更多的是基于世俗的成就和希望，而不是基于神秘的教义。德国戏剧性的经济复苏使许多饱受大萧条之苦的人把希特勒视为他们的救世主——而30年代后期他那强硬的外交立场和军事成功加深了人们的这一看法。德国人愿意这样崇拜他们的元首，这并不一定意味着他们要否认传统的宗教习俗。事实上，在30年代，德国上教堂的人数还增加了。

1935年，一名年轻的希特勒崇拜者把一些鲜花放在他的画像前。当时，德国的许多家庭都有这种所谓的"希特勒之角"，这被视为好运的象征。第二次世界大战期间，有人甚至说，一堵贴有希特勒画像的墙能承受一枚炸弹的冲击。

在第三帝国里坚持宗教传统最引人注目的例子是
冒着最大危险的犹太人。希特勒的上台以及随之而来的
全国性的反犹运动使许多以前更多关注国家而较少关注
信仰的犹太人重新复活了心中的宗教情愫。犹太教堂里
挤满了人，尽管在举行宗教仪式时有"盖世太保"的特
工人员在场，拉比们照样以《圣经》时代的犹太人战
胜邪恶的故事来激励听众。犹太哲学家马丁·布贝尔在
1936年选编的圣诗里含有这样大胆的篇章："主啊，
您是我的法官，我请求您反对一个不信神的国家。"

因此，不足为奇的是，当纳粹领袖们于1938年决
定对犹太人直接宣战时，犹太教堂成了他们的主要目标。
11月9日晚，成群的纳粹忠实分子(其中有"党卫队""冲
锋队"和"希特勒青年党")突袭了德国和奥地利各地
的犹太人社区。这次集体屠杀行动后来被称作"水晶之
夜"。好几百座犹太教堂顿时火光冲天，而消防队员站
在一旁观看，他们的唯一职责是防止火势蔓延。那天晚
上，有100多名犹太人被杀，3万多名被车装走，送进
了集中营。第二天早晨，那些留下来收拾残局的犹太人
试图给他们遭受掠夺的商店和家园恢复一点表面上的秩
序。但是，在大多数地方，曾经使他们集体满怀解救希
望的祈祷之所变成了片片废墟。在几天之后的一次大会
上，纳粹宣传部长约瑟夫·戈培尔(他曾按照希特勒的
旨意参与了这一暴行)大言不惭地说："在德国几乎所
有的城市，犹太教堂都被烧毁了。"他还马上补充道，

new秩序

将不允许犹太人有任何机会重建他们的寺庙，"我们将在他们的地盘上建立停车场"。

即使在一向宁静的郊区艾希坎普，人们也感受到了"水晶之夜"的残暴。克鲁格一家及其邻居被迫面对这样的事实。当时十七八岁的霍斯特"狼狈不堪地、一言不发地"走过窗户已被砸碎的犹太人商店。他后来回忆说，那天晚上，"一家人的脸上都若有所思，沉默中含有义愤：元首知道这一切吗？"

无论是克鲁格一家，还是成千上万相信希特勒的其他遵纪守法的德国人，他们都不会长时间地去思考那个问题的。责备过分狂热的"冲锋队"或"盖世太保"特工人员干了错事，毕竟要容易一些。大多数德国人仍然抱有艾希坎普一位妇女同样的想法，她曾对霍斯特·克鲁格说："什么？你不相信元首是上帝派送给我们的？"只有军事失败的毁灭性教训才会打消这样的想法。

克鲁格最后一次见到他的母亲和父亲是在第三帝国12年历史中的第11年的年末。他当时已是一名士兵，短期回家度假。"他们苍老得可怕；4年的战争岁月，他们一直靠配给生活，现在连说话都变得有气无力、很有节制了。他们好像瘾君子突然之间被断掉了吗啡一样，四肢颤抖，身体崩溃。我的母亲在年轻时一直把头发染成漂亮的黑色，但现在她的头发已变得雪白，心也变得虔诚了。我的父亲从来没有明白过这些疯狂的崇拜行为，现在什么都不明白了，他已智穷才竭，只会不断地摇头。他轻声地嘟哝道：'全是些杂种，罪犯！他们对我们干了些什么？'"

希特勒青年党：叉麦草和投掷手榴弹

乍一看，德国的"希特勒青年党"很像当时在其他国家盛行的童子军运动——晒得黝黑的青少年们在徒步旅行，在野营训练，在放声高歌。但是，事实上，它是一个由政府控制的组织，致力于把德国的孩子们变成狂热的纳粹分子，为第三帝国培养出顺从的、野蛮的好战分子。

"希特勒青年党"在宣传上规模庞大，无孔不入，残忍无情。到1938年，它的各个分队的男女青年加起来总共有800万名成员——占德国所有10岁以上青少年的90%多。在每一座城镇，都可看到他们活跃的身影。甚至连10～14岁的少年成员都在学习紧密队形操练，参加纳粹节庆日的游行，聆听颂扬希特勒的长篇演说。负责整个这项计划的巴杜尔·冯·施拉克曾宣称："为元首服务

就是为德国服务，为德国服务就是为上帝服务！"

年龄大一些的成员进行类似于军队上的长途行军和野营训练。他们也在农场上辛苦劳作，以缓解劳动力短缺的问题。随着大战的来临，他们还学习实弹射击和投掷手榴弹。按照希特勒的说法，该项计划的压倒一切的目的是给德国的青年洗脑，使他们"以德国人的方式思考，以德国人的方式行动"，然后可以加入到国防部队、纳粹党卫队和几乎同样严密管制的劳动大军中去。"他们在有生之年永远都不会得到自由的。"希特勒曾满意地这样说道。

"希特勒青年党"的成员们在一位农场主的监视下堆积麦草。发起于1934年这项农业服务计划的本意是要磨炼青少年，而实际上，长达60个小时的劳动周常常毁坏了这些青少年的健康，并妨碍了他们的教育。

1933年，相互竞赛的"希特勒青年党"小组成员在玩一种被称作"罗马战车"的游戏，他们在营地里模仿战马和战车。

下图是1934年在柏林的坦培尔霍夫机场举行的一次"希特勒青年党"扎营仪式。10岁组少年团的孩子们在他们的帐篷前练习"向左看"。

10 岁少年的
战争游戏

"营地篝火、户外野炊、印第安人游戏和极富冒险的野外行军：这一切都使'希特勒青年党'非常具有吸引力。" 1937 年时刚满 10 岁就渴望加入少年团的弗里茨·朗古尔后来曾这样回忆道。他还记得更让人激动的是那些战争游戏——模仿步兵作战、学会伪装、学会如何利用地图和罗盘仪测定敌军位置。朗古尔还回忆说，在这些游戏中表现出色的孩子会得到"一把锋利的匕首，一件微型的武器。"

177

两名少年团的孩子在接受步枪知识指导，而背景上年龄大一些的"希特勒青年党"成员在练习其他兵器的操作法。

培养明天
的士兵

在赢得匕首后，少年团的孩子们接下来就可以练习步枪射击和使用防毒面罩了。

11岁的孩子开始练的是气枪，但很快就教如何实弹射击了。到1938年时，已有100万德国青年参加过射击比赛。再接下来就是更有战争味的训练——投掷假造的但却有实际效果的手榴弹（见下页）。

已经习惯戴着钢盔和防毒面罩的3名少年团的孩子在古城沃尔姆斯的一个广场上进行拔河比赛。

在体育比赛中，"希特勒青年党"的老成员
表演投掷手榴弹。此运动完全模拟实战进行。

在 1937 年夏至日庆祝活动期间，"希特勒青年党"的成员们跳过一堆篝火（见右图），以显示他们的勇气。柏林的分组成员们（见下图）在一次模拟的葬礼上举起一名躺着的战友。其他那些青年手中拿着木头做的剑和盾，上面有"希特勒青年党"和"党卫队"使用的古代北欧字母符号。

学会为元首而死

除了武器训练外，"希特勒青年党"还教导新一代德国青年在战场上要具有临危不惧、视死如归的英雄气概。这种心理训练的部分内容是在晚间的一些仪式上强制实行的（如这里的几幅图片所示）以及在每年的纽伦堡巨型集会上进行（见下页）。

德国人喜欢围着篝火举行活动。"希特勒青年党"领袖施拉克利用这一点设计了一些非正统宗教的仪式活动。在这些活动上，希特勒的年轻弟子们朗诵诗歌，大唱爱国歌曲，甚至为"倒下的战友"举行模拟葬礼。歌曲的内容大多是战斗而死。1933年发行的"希特勒青年党"歌本含有这样的歌词："我们为德国荣誉而战。我们为阿道夫·希特勒而死。"有一句在青少年中很流行的口号甚至更有预见性地道出了这一层意思："我们生来就是为德国而死的。"

举着色彩醒目的"希特勒青年党"旗帜的青少年在纽伦堡集会上从排成纵队的纳粹分子的中间穿行而过。每年，在这次盛大集会上，专门有一天是让"希特勒青年党"的成千上万的成员们列队接受元首本人的亲自检阅。

4. 美好岁月的高昂代价

1936 年春，两名回家刚过完复活节的工人又登上火车，回到工作岗位上，参加纳粹德国正在兴起的高速公路网的建设。这两位工人没有在意包厢里另外两位乘客，抱怨起他们的工作。他们抱怨说，真是累垮了腰，监工们发疯似的催着他们干活。住房非常简陋，伙食糟糕，工钱太低。在扣除一部分和所谓自愿给纳粹各种机构的捐赠之后，他们的净收入一周只有 16 德国马克（不够 7 美元），比他们 6 个月前挣的还少。过了一会儿，坐在对面正在看报的一位妇女以反驳的口吻抬起头说："这种诉苦真的有必要吗？你们有了工作应该心怀感激之情，感谢元首解决了失业问题。阿道夫·希特勒在 3 年的时间里就创造出奇迹，形势一年一年地会变得更好的。你们必须相信元首。"

像新秩序下生活的几乎每一个方面，修建高速公路成了一把双刃剑。一方面，这项工程是国家的一项令人自豪的成就：它兴起于 1933 年，到 1938 年时已完成 2000 英里的四车道高速路。这些高速路使许多城市相互之间往来更加便利，还有助于帝国的统一。同样重要的是，修建高速公路推动了经济的发展，为成千上万失业的人创造了工作机会，刺激了德国刚刚出现的汽车

在 1933 年 9 月 23 日举行的法兰克福至海德堡高速公路第一段工程的开工典礼上，新雇来的劳工们聚集在梅茵河畔举手行纳粹礼。在接下来的两年里，这项工程提供了 84000 份工作。

工业的增长。

相反的一面就是困扰火车上那两位工人的问题。高速公路工程实质上是革命的一部分。希特勒决心把德国人民塑造成一个全国一致的模子。在纳粹的词义里，这意味着对国家的忠诚，亦即对元首的忠诚，是所有忠诚行为中最高的行为，高于地区、社会阶级、教会，甚至家庭。不错，工人们有了工作，但他们现在的生活与自由工人的生活相比，更类似于奴隶劳动者的生活。另外，这项工程还有很邪恶的一面，尽管当时很少有人意识到。这些新的公路将使德国军队能够快速有效地调动起来，其东西轴向将使两线作

在这张摄于1938年的照片上，一条有分隔线的高速公路蜿蜒穿过诺特海姆以南的韦拉谷地。负责高速公路网建设的总建筑师弗里茨·托德正在接受希特勒的祝贺（照片右下小图）。希特勒称他的杰作是一项"艺术创举"。

战成为可能。

那天在火车包厢里的第四个人是一个名叫贝恩特·恩格尔曼的15岁男孩，他在多年以后还会想起这场谈话。恩格尔曼本人将参加纳粹的另一项公共工程计划——"帝国劳动服务"。这项计划要求每个年龄在18～25岁的人参加6个月的服务工作（对于妇女而言，参加这项计划是出于自愿，但实际上强迫参加的压力很大）。参加服务的小伙子们住在劳动营里，工资仅够维持基本生活，服务的工作一般是农活、建筑和土地开垦等。大学和高中毕业生、手工艺者、农民、工人干的都是同样乏味的粗活——这是纳粹政策的一部分，目的是要灌输一种"平等对待体力劳动"的思想。纳粹党希望，这种团队式的训练和粗糙的条件会使年轻人做好战争的准备。

通过修建高速公路和"帝国劳动服务"等工程项目，希特勒兑现了他要终止失业和解决德国农业危机的诺言。到1936年复活节时，即年轻的恩格尔曼偶然听到高速公路建设工人那次谈话的时候，只有180万德国工人仍然没有工作，这比大萧条早期的600万～800万失业人数要少了一大截。越来越多的人开始相信："希特勒也许有他的过错，但他给了我们工作，让我们有饭吃。"

1936年夏，希特勒写了一份后来马上成为所谓的"四年计划"蓝图的备忘录，他的设想是要达到全国的自给自足。在这份备忘录里，元首提出了他的扩张主义打算。"四年计划"将为他在东欧获得更大的"生存空间"提供经济上的保障。他写道，"经济的重振"必须像政治和军事的重振一样，"以同样的速度、同样的决心、同样的残酷手段（如果必要的话）有效地进行"。他在备忘录的结尾发出令人恐怖的指令："德国的经济必须在 4 年之内适合战争。"

希特勒的许多财经顾问，包括受人尊敬的经济部长伽尔马·沙赫特，都被这份备忘录吓住了。一些批评家私下里认为那份随之产生的"四年计划"只不过是一份允许对经济实行"露天开采"的许可证。但从短期来看，普通老百姓得到了实惠。在这项强调加速重振经济的计划的激励下，越来越多的德国人享受到了一定的繁荣。到 1938 年，工作机会太多了，帝国政府不得不从国外进口工人。十多年来，德国人第一次有了安全感——只是需要付出代价。他们品尝到了美好岁月，但却付出了很沉重的代价——失去了自由，增加了管制，打破了诺言。

当希特勒 1933 年上台时，他的其中一个最大目标是要控制住德国的工人阶级。在工厂、矿井和其他蓝领职业领域里工作的 1500 万产业工人形成了整个社会的基石。如果他想重振民族活力，重新进行军备，对外进行扩张，他都需要这些工人的忠心，或至少他们的默许。正如"德国国家社会主义工人党"这一名称所示，纳粹分子从一开始就想获得工人的支持，但一直没有取得太大进展。在整个 20 年代和 30 年代早期，产业工人仍然忠实于传统的工会组织和党派，其中最激进的要数共产党。有些工人属于天主教中心党，另外的属于一些较温和的党派。然而，大多数有组织的劳工支持的是社会民主党，该党为工人赢得了一些最基本的权力，如集体谈判和罢工的权力等。

劳工中的左倾势力让希特勒恼羞成怒——在他的眼中这是纯粹的"犹太马克思主义"——他决心要砸毁他们的工会组织。1933 年 3 月，在一位自行其是的荷兰无政府主义者烧毁国会大厦给他提供了借口之后，他开始采取第一步行动。在几十座大小城镇，"冲锋队"队员关闭了共产主义和社会主义劳工团体的工会组织并占领了他们的办公室。即使经历了这样一次镇压，劳工领袖们仍然怀有希望，认为只要与新政府合作，他们的组织就会继续存在下去。

希特勒通过宣布 5 月 1 日为全国劳动节进一步给了他们希望。五一节在欧洲国家是一个传统的特殊日子，但在德国一直未被确定为全国性的假日。现在，纳粹分子抢先利用了左派势力，使他们的工会组织不再具有抗议政府的潜在威胁。约瑟夫·戈培尔的宣传部负责组织帝国各地的庆祝活动。仅在柏林，就有 150 多万工人参加了庆典游行，元首亲自阐明了那一天的活动主题："劳动光荣，尊重工人。"

次日晨，即 5 月 2 日，铁锤砸下来了。"冲锋队"袭击了工会大厅，没收了工会财产，并把劳工领袖们投进了监狱。各中间派工联组织也在压力下被迫解散。为了确保工人们不再重新组织起来，政府下达了命令，禁止组建任何工会组织，宣布罢工非法。政府通过一项法令，任命了十多个地方劳工托管员，负责监督工资的制定和划拨以及其他事务，这些工作以前都是由劳资双方通过谈判进行的。

然而，在此同时，希特勒觉得有必要把工人组建成一个单一的、由纳粹分子严加控制的群众性组织。他授权成立了"德国劳工阵线"，把除公务员之外的所有工人都包括进去了，最终把雇主也包括进去了。尽管开始时"德国劳工阵线"与纳粹党没有正式的联系，但通过其新任首领罗伯特·莱伊（一个长期的纳粹党头子），二者之间的关系也一直很密切。

莱伊 43 岁，来自莱茵地区，喜欢喝酒，性情较古怪，学的是化学专业。曾在一战期间当过飞行员，在大型化工企业法本公司工作过，后来因政治上的极端主义倾向被解职。他于 1924 年纳粹党正处于低潮时加入该

肌肉发达的工人手挽手地出现在 1933 年的一张宣传海报上，这是为庆祝希特勒上台后第一个五一节而设计的。在上台执政前，纳粹分子曾鄙夷地把这个传统的劳动节称为"世界失败的节日"。

党，不久成为希特勒的密友，被任命为科隆的纳粹地方长官。在科隆，他利用纳粹党的报纸横加指责犹太商人和金融家，向他们勒索保护费。莱伊因其坚定不移的效忠获得了希特勒的青睐。1932 年，元首任命他为纳粹党所谓的"政治组织处"处长，1933 年又任命他为"劳工阵线"的首领。"我本人就是一个农民的儿子，我了解贫穷，"他曾这样对工人们说，"我向你们保证，我们不仅要让你们拥有一切东西，而且我们将进一步扩大工人的权利，这样，工人们将以平等的、受人尊重的身份参与到这个新的国家中来。"

对纳粹劳工政策的不满几乎立刻浮出水面。具有讽刺意味的是，大多数麻烦来自那些属于"德国劳工阵线"分支机构"国家社会主义工厂基层组织"（NSBO）的工人们。该组织成立于 1930 年，名称来源于柏林和鲁尔地区工厂中的纳粹工人基层组织，其思想意识倾向主要出自于格雷戈尔·斯特拉塞（1932 年被希特勒清除的纳粹党左翼领袖）。纳粹党夺取政权后，"国家社会主义工厂基层组织"发展迅猛，到 1933 年 8 月时，它声称已有 100 多万成员。

该组织的激进分子把他们自己视为"德国劳工阵线"的理所当然的领袖。他们拼命夺取传统的工会权力，这些权力现在掌握在由政府任命的、实质上一直倾向于资方的劳工托管员手上。激进分子们试图争取更高的工资及其他让步，这不可避免地挑起了与托管员们之间的激烈争吵。在西里西亚，NSBO 的激进分子在一家钢铁厂发动了一次短暂的哗变，在一家陶土石器厂还捣毁了机器。在西法利亚，托管员的特别助理发现"纯阶级斗争精神"如此嚣张，他不得不以"盖世太保"的干预来威胁 NSBO 的代表。

莱伊支持激进分子的那些目标，主要是因为他垂涎它们蕴含在工资和工作条件谈判中的巨大权力。但是，德国的主要实业家们有另外的想法。他们想使工人阶级保持中立。希特勒在重新装备军事方面需要实业家们的合作，所以他支持他们的反劳工立场。1933 年 11 月，希特勒强迫莱伊签订一项旨在遏制"劳工阵线"权利的协议。"德国劳工阵线"不再负责"日常工作生活方面的问题"，而只是负责思想教育和宣传，努力"教育所有工作的德国人支持纳粹统治下的国家，使他们接受国家社会主义思想"。老派的 NSBO 成员被迫退居二线。正如莱伊对一群工人听众所解释的，"我们都是劳工大军——些人指挥，另一些人服从"。

根据协议的规定（该协议于 1934 年 1 月成为法律），全面调控工资和工作条件的权力掌握在劳工托管员手里。但是，在具体的工厂里，日常劳动关系遵循的是一套倾向于纳粹思想意识的系统，即所谓的"领导原则"——雇主是领导，工人是跟随者。在决定厂规时，雇主可以同一个由工人们选出的、由"劳工阵线"任命的工人顾问委员会进行磋商。但是，由雇主最后说了算，除非顾问委员会还要向劳工托管员上诉。托管员可以把雇主的滥用职权行为或工人的错误行为反映到所谓的"社会荣誉法庭"——由一名法官、一名雇主和一名顾问委员会的工人组成。

从工人的角度来看，顾问委员会是纳粹统治之前那些工会组织的一种很蹩脚的替代物。尽管莱伊把一年一度的委员会委员选举吹捧成"世界上最自由、最不可能腐败的选举"，人们每次参加投票的热情却并不是很高。社会民主党在被宣布为非法组织后，其许多剩下的成员组成了一些地下组织。在这一形势的影响下，许多工人抵制了1935年举行的委员会选举，这样，政府干脆取消了投票选举，让雇主们在需要的情况下填补委员会的空缺位置。同样，"社会荣誉法庭"也被证明没有效果。1935年，在听审的223件案例中，有205件是针对雇主的。大多数被告人是小企业主或手工工匠。突出的违法行为体现在待遇不公正方面，如对学徒工的劳动体罚。然而，只有9位雇主受到了最严厉的惩罚——不再有权开办企业。尽管任何一个合法的工人组织机构的议程上都列满了大量的投诉，但大工厂的业主们很少有被传到法庭去作辩护的。

由于不允许像传统的工会那样去行动，"劳工阵线"就积极投身于给它指定的思想教育和宣传的角色。莱伊发动多次宣传教育计划，以推动生产力和分散工人们对失去自由的注意力。由于雇主们在制定工资待遇时非常乐意与劳工托管员合作，一般的工厂工人在1936年一周可以挣到35马克（14美元），比1933年略有提高，但仍然大大低于经济大萧条前的收入水平。更高的工资主要是因为延长了劳动时日的结果，而不是提高了小时工资的结果。

此外，在扣除税收、上缴给"劳工阵线"和强制性地向纳粹慈善机构捐赠之后，最终拿回家的工资少了大约18%。这些增加的扣除部分，再加上估计每年以10%的速度上升的生活开销，意味着实际购买力的下降。即使在就业形势已经很充分的1937年，人们的收入增长仍然比较缓慢，有1000多万人（1/6的德国人）还需从纳粹政府的慈善机构"冬季救济"中领取食品或补贴金。

莱伊遵循自己的格言"人们的精神食粮比填饱肚子更重要"，所以他要用心理上的激励来代替可观的工资。他的其中一项战术是通过宣传一个无阶级社会的神话来提升工人们的地位感。在他的唆使下，纳粹控制的报刊在采访垃圾收运工时，故意大肆渲染所谓的"艰苦工作的崇高地位"。莱伊还鼓励雇主和雇员在车间里都穿一样简单的蓝色工装，并建议取消定时钟。蓝领工人们不必在上班开始时打考勤卡，而要同监工们一同参加思想宣传大会。

莱伊的另一项工程被称作"劳动美组织"，要求雇主通过改善工人的工作环境来提高生产积极性。"劳动美组织"的干部们督促雇主提供更好的照明、浴室和

"德国劳工阵线"的领袖罗伯特·莱伊（中）在参加了 1933 年日内瓦国际工人大会后回到柏林时受到英雄般的欢迎。实际上，其他国家的与会者通过投票剥夺了纳粹代表团的列席资格。一位法国代表称莱伊是"德国工会组织的监狱长"。

饭菜热气腾腾且价格不贵的集体餐厅。该组织开展全国性的竞赛活动，让雇主们竞争谁拥有最好的工作环境。一些公司还为自己的雇员修建运动场和游泳池。科隆的一家发动机厂除了修建这些福利设施外，还引入了一种荣誉制度，让那些最可靠的工人督察自己的工作。工厂指定精力尤其充沛的工人为"自我计算员"，允许他们确定自己的计件工资，这样，最终吃亏的是那些跟不上速度、干活较慢的工人。

"劳工阵线"在工作培训方面发挥了核心作用。它建立了一些培训中心，并且在"希特勒青年党"的

配合下，发起了一年一度的"全国职业大赛"。属于
任何纳粹组织、年龄在 15 ~ 21 岁之间的青年男女都
可以参加这种大赛，测试他
们在各个不同职业领域的实
际技能。参赛者也进行数学、
作文以及所谓的政治理论
（即纳粹思想理论）的书面
考试。关于政治部分的考试
有一个广为流传的故事，说
的是一位理发师的助手可以
自豪地宣称她在洗发、烫发、
染发方面毫无任何问题，但
"就是会搞混戈林和戈培尔
的生日"。

  参加这一竞赛的人特别
多，到 1939 年时已吸引了
350 多万人参加。本地的优胜者继续参加地区大赛，然
后才有资格参加在柏林和其他 5 个主要城市举行的冠军
赛。最后的优胜者享受名人级的待遇——报纸拍照，电
台采访，被邀与莱伊甚至可能与元首本人一道喝茶。这
种竞赛被视为纳粹在强调职业培训方面的一大胜利；大
约 80% 的优胜者小的时候未能考上中学，因此他们更
没机会接受高等教育。

  "劳工阵线"最后一项调动人们积极性的努力是

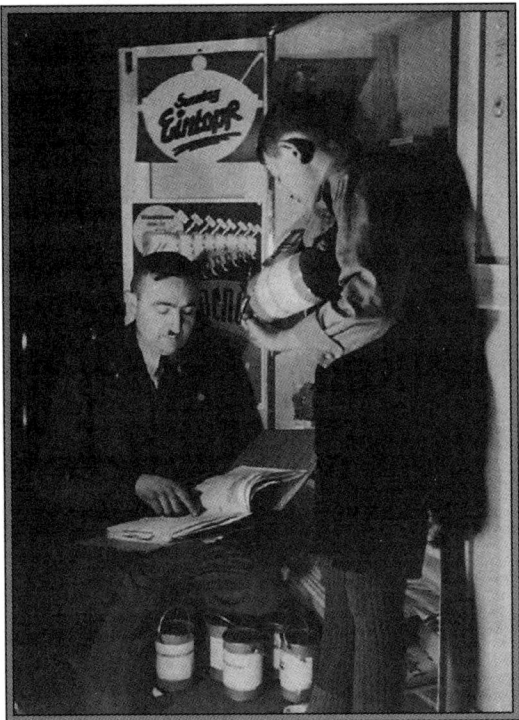

"一份菜晚餐"指的是纳粹政府号召德国公民一周至少有一天要吃节省饭，只吃一份菜。图中是一位"冬季救济"（纳粹党每年举行的一种慈善活动）的官员正坐在一幅倡导"一份菜晚餐"的海报下给"希特勒青年党"的一名成员发放一听募集而来的食品。在一些自愿捐助机构的帮助下，纳粹政府给穷人提供热饭热菜。下图是2000名饥饿的柏林人正在"德国厅"享受免费饭菜。

那项庞大的、被称作"快乐中获得力量"（KDF）的群众性休闲活动和旅游计划。这项计划是以法西斯意大利的一项类似计划为模型、于1933年下半年在德国兴起的，其资金是从已被解散的工会组织没收来的钱财，后来从"劳工阵线组织"的会费中提取。其名称来源于这一理念，即在参加了有组织的快乐休闲活动后，工人们将又精力充沛地回到工作岗位上。一位新闻官员更是一语破的，把工人比喻为"一辆汽车的发动机，在跑完一定的里程后必须进行全面检修"。

KDF计划中的大部分活动都是直接照搬已被解散的工会的活动，只是带了一点纳粹色彩。它给成年人提

供了从英语和法语到速记和几何等课程，还提供了一些
宣讲种族和遗传等主题的论坛。它赞助体育赛事，修建
图书馆，上演业余戏剧，提供低价票让人们去听专业的
音乐会和观看戏剧演出。1938 年，由该项计划提供赞
助的文化活动吸引了近 2000 万工人和其他德国人。

　　最受欢迎的活动是抛开这一切活动而去外出。在
由 KDF 旅行社安排的一日游活动中，工人们可以骑自
行车、滑雪或徒步行走。他们可以乘坐专列去"黑森林"
周末旅游。他们还可以在哈尔茨山度过一周的假期，只
需花 28 马克，不到大多数人一周的工资。如此多的工
人充分利用这些假期旅游、短途旅行和外出远足（1938
年就有 1000 多万），使一些乡下店主打出了"KDF 不
得光顾"的牌子，以便留住那些来自上层社会的老客户，
因为这些人可能并不欣赏这种"无阶级的"社会。

　　让蓝领工人们尤其感到有吸引力的是 KDF 组织的
12 条海上航线旅游。1938 年，有 131623 名"劳工阵线"
的成员乘坐这些船只去了挪威的海湾峡谷和气候宜人的
地中海岛屿等旅游胜地——这些梦幻之旅是大多数德国
人以前不敢企望的。这样的旅行花费就要贵一些（更长
的度假可能要花去一个多月的工资），通常只限于那些
因工作勤奋和对纳粹党极为忠诚而被挑选出来的工人。
因此，乘坐海船旅游的工人通常比收入更高的手工业者、
白领工人和监工要少。但是，船上的每一个人，包括船
员，享受的都是同样的旅行舱位。

参加地方一级的
"全国职业技能大赛"
的优胜者获得这种奖
章。雄鹰爪子里握着
的是一个青铜齿轮，
象征"劳工阵线"组织，
钻石形的标志象征"希
特勒青年党"。

德国游客们在马德拉岛结识了一名卖冰激凌的男孩。尽管1938年"快乐中获得力量"组织的前往这个葡萄牙小岛的团体旅游只需花费155德国马克（约合62美元），200个德国工人中差不多只有一个才有能力参加这项旅游。

除了深受工人们的欢迎外，KDF计划还为纳粹分子带来了一些间接的好处。火车、旅馆和餐厅到处都是满满的游客，这刺激了旅游经济的发展。德国人到处领略祖国山水、相互之间多了接触与了解，这还有利于纳粹党宣传关于全国一统的理念。此外，通过展示皮肤健康的德国人在快乐地度假，纳粹政府在欧洲其他国家的眼中提高了自己的形象。正是由于"快乐中获得力量"这样的计划以及其他产业的繁荣发展，"劳工阵线"迅速成为一支强大的力量。除了船队旅游外，它的势力范围还包括银行业、保险业、出版业和房地产。它拥有

2500 万名成员，这使它成为第三帝国最大的组织，也
是最富的组织。1939 年，其会员费高达 5.39 亿帝国马克，
约合 2.16 亿美元。现在，"劳工阵线"已正式隶属于
纳粹党，它是该党最大的资金和就业来源。它机构臃肿，
工资单上有 44500 名职员，其中包括很多无力胜任纳粹
党官僚机构工作的老派公务员，它的各项活动都涉及腐
败现象。莱伊操纵着这一切，不断地改组人事、改变文
件，以满足他那"一味求大"的癖好。他喜欢超负荷地
工作，好像有使不完的干劲，连纳粹分子都很反感他。
莱伊和他年轻漂亮的第二任妻子英格有五六处奢华的住
宅，每一处都有"劳工阵线"提供的成群佣人为他俩服务。

　　然而，到了 30 年代后期，"劳工阵线"的工作变
得越来越难做了。早在 1936 年，问题就出现了，当时，
希特勒加快了重新装备军事的步伐。军火工业最终把那
剩余的 100 万失业工人也吸纳了进去，而且增长势头还
很强劲，到 1938 年底时，德国总共还缺 100 万名工人。

　　雇主们不得不争抢有技术的工人，尤其是在压力
逼人的冶金和建筑行业。为了使企业保持活力，经理们
提供更高的工资和慷慨的额外好处费。在战前的 3 年中，
工业界每周的工资收入平均上升了 17%，尽管实际上日
工作时间已超过了 8 小时。变换工作以便挣更多的钱，
这一现象在德国工人中已是相当普遍。过去可能一辈子
就干同一工作的工人们现在平均每 12 个月就要变换一
次工作。

一边手臂上挽着一个女人的罗伯特·莱伊信步走在专为工人们安排的游船的甲板上。一位观察者写道："'快乐中获得力量'这项计划很得人心,它使地位低下的人也有机会分享'上层人物'的快乐。"

供求法则中的这些新现象是纳粹分子不能容忍的。高工资导致消费品和武器的成本提高，而不断的工作变换会扰乱工厂的生产。政府的回应手段是对工作调动实行限制，但渴求劳工的雇主却帮助工人逃避这一法律限制。于是乎，政府在 1938 年 6 月开始加紧控制。被任命为"四年计划"主管的赫尔曼·戈林授权劳工托管员为各项技术确定最高工资额，后来还命令托管员限制额外好处费。他还签发命令，征召工人从事重点军事工程建设，尤其是"西部防线"的建设（即沿着法国边界修建的所谓"齐格菲防线"）。这项工程几乎一下子就征调了 30 多万人在以前负责高速公路建设的弗里兹·托德的指挥下服役，只是结果使劳动力短缺的问题更加严重了。

在社会主义和共产主义地下组织的领导下，一些工人以突然袭击的军事手段反对日益严酷的纳粹管制。他们延时怠工，待在家里不去上班，在工厂的墙壁上张贴反纳粹标语。在沃尔芬市的法本工厂，工人们对自己的力量非常自信（该工厂有 600 个位置空着没人），其中有几位肆无忌惮，下午干脆不去上班，而去看电影，或者在下午茶后喝得醉醺醺地回来上班。在柏林，当丈夫们被车运走去修筑"西部防线"时，妻子们在火车站抗议。在一些工厂，偶尔还会出现罢工。"劳工阵线组织"曾在 18 个月里记录了 192 次停工事件。一些罢工起因于纳粹监工和工人之间的摩擦，但至少在有一次罢工中，纳粹分子也加入了。大多数罢工牵涉进去的工人都不多（一般不到30个人），而且因为纳粹党官员或"盖世太保"的干预很快就被制止住了。

没有爆发过大规模的起义，因为绝大多数德国人很高兴有了一份工作，或者因为长时间地工作太累了，或者因为害怕而不敢行动。正是这最后一个因素——很容易察觉出的恐怖和恫吓气氛，构成了第三帝国劳工政策的基础。作为"劳工阵线组织"的头目，莱伊除了愉快地安排"快乐中获得力量"的度假生活外，最关心的是如何保证工人们的效忠——以及在情况不妙时叫来"盖世太保"。

不像历史上一直忠于左翼社会民主党的工人们，德国的400多万商人和个体手工业者很自然地倾向于纳粹党。在早些年，这些中产阶级分子还为纳粹运动激进的经济思想所吸引，那套思想批评资本投资和利息偿还是奴隶制的剥削形式，并主张把银行和其他高级金融机构收归国有。这些店主、制鞋匠和木匠强烈反对工会，对大规模生产线工厂、百货商场、消费合作社等现代工业社会的机构也深恶痛绝，因为这威胁着他们的生存根本。他们相信纳粹分子的许诺，即小企业要恢复它们在社区里的特权地位。

"我把我的一切希望都寄托在纳粹党头目身上了，因为我们的生意快要崩溃了，"一位主营家用电器和留声机唱片的纳粹党员店主回忆说，"因为纳粹党有一套听上去很不错的计划，他们把它称作'砸碎投资资本的专横'。这意味着剥夺大百货商场的所有权，把商场地盘以很低的租金出租给小业主。这样一来，我们就有救了，因为像伍尔沃思那样的大百货公司靠低得让人大跌眼镜的价格销售那些灯泡和流行音乐唱片，抢走了我们的顾客。"

1932年12月，就在希特勒成为总理之前的几周，纳粹党内的店主们和手工业者组建了"中产阶级商人战斗同盟"。次年春天，在另外一个纳粹零售商协会、一些地方纳粹官员和大批"冲锋队"战士的联合支持下，该同盟发起了一次试图控制全国城镇经济生活的运动。这支联合力量接管了地方商会和手工业行会，强行关闭大百货商场里的餐厅。其中有这样一座小城，由于当地的纳粹长官碰巧开了一家园艺设备店，便禁止伍尔沃思百货公司销售园艺工具。

1933年4月至5月间，纳粹商人们挑起了一次野心最大的麻烦事端，他们发动全国抵制犹太商店、大百货公司和消费合作社的货物。他们得到了纳粹党经济部长奥托·魏吉纳的支持。魏吉纳45岁，以前也是商人，还担任过"冲锋队"的参谋长，他继承了斯特拉塞的思想，代表的是纳粹运动中的左翼。然而，魏吉纳是希特勒的密友，况且元首本人也支持货物抵制运动。

针对这种扰乱经济的行为，纳粹党领导层马上有了不同的看法。既然希特勒正在努力要把德国的经济从大萧条中恢复过来，那么，摧毁百货商场就有可能使成千上万的雇员再次走上街头，还会殃及商场的各个供应商，使更多的工人有丢掉工作的危险。曾给大百货商场提供贷款的银行也面临着亏本。希特勒开始担心这样做会对经济产生冲击，于是在 6 月底，他同意从政府资金中提取 1450 万德国马克（580 万美元），用来防止"赫尔帝"连锁百货店的崩溃和 14000 份工作的流失。尽管"赫尔帝"的各家连锁店店主是犹太人，而且还是最近这次联合抵制货物运动的一个特定目标，希特勒不得不采取这样的行动。

这次决定表明了元首在经济事务方面开始从意识形态转向实用主义。他担心激进的行动会造成混乱，会妨碍他求助于大公司。魏吉纳很快就被解除了职务，因为他那套反资本主义的过激行为疏远了产业资本家。代

纽伦堡一家玩具厂的女工们在为 1934 年圣诞节包装微型火车。随着希特勒重新装备军事的计划加快，成千上万的妇女放弃了这一类工作，而去重型工业和武器制造厂寻求报酬更好的工作。

替他的是一位让产业资本家们更能接受的人物。（魏吉纳差一点儿死在 1934 年 6 月的那次"血腥大清洗"行动中，他后来在军队里找到了一个新的职位）希特勒让他的副手鲁道夫·赫斯命令"中产阶级商人战斗同盟"及其他纳粹组织不要再发动反对百货商店的运动。不久之后，该同盟被解散，其残余分子被吸纳进"德国劳工阵线"。

然而，纳粹政府对小企业主的要求不可能完全忽视。商人和工匠不仅代表了纳粹党的核心，而且也是国民经济的一个极为重要的组成部分。仅手工艺品一项就占整个销售额的大约 10%，而且帝国的 54 万小零售商们在消费品流通领域起着关键作用。为了帮助小企业主们生存下去，希特勒实施了一项法律，把经营从肉店到建筑公司等各种业务的大型消费合作社削减了一半。他还禁止建立新的百货商场和扩建的现有百货商场，禁止百货商场从事补鞋、理发等服务。刚开始，还禁止任何新的零售店开张，但后来允许了，只是必须得到官方的审批。结果使商业贸易的竞争十分激烈，要通过申请审批机构来对竞争实行监督。

手工艺者长期以来的一些要求也得到了满足。木工和建筑行业的其他工匠因住房建设上的革新从政府补贴中获得了好处。为了展示帝国的伟大和光荣，希特勒计划在纽伦堡和其他地方兴建大批新的建筑物，手工艺者们也从这项计划中获得了不少好处。现有的手工艺行会由于注入了新的力量，使它们有能力强迫人们入会，进行纪律约束，制定价格，对学徒培训计划实行实质性控制。由于未来的手工艺者都必须通过由行会组织的专业技能和"政治可靠性"测试，新的竞争者减少了。由行会成员组成的"荣誉法庭"可以干预随意削价和其他不符合职业道德的行为。纳粹政府还把以前一直被忽略的街头流动商贩和摆地摊者纳入手工艺行会系统，实行统一管理。

尽管赢得了这种种好处，小零售商们和手工艺者们很快就明白，尽管自己是忠于纳粹意识形态的，但与纳粹政府的关系仍然处得不好。"劳工阵线"吸收了剩余的消费合作社，它们仍继续经营。大百货公司经受了危机之后又开始繁荣兴旺，在经过纳粹党的"雅利安化"过程后，大多数销售额继续超过小零售商的销售额。

同时，政府的一些新法规成了挡路石。国家强迫小企业主们的财务程序必须一致，并且仔细审查他们的账目以确保税款的征收。肉店和果蔬店老板被夹在他们给农民支付的价格和国家对他们限定的价格之间。一些商店采取价格双轨制，标签上价格更高的那一面是给顾客定的，另一面是为政府检查人员准备的。

30 年代后期，随着军事装备给经济注入了新的活力，受害最深的就是小企业。手工业者不得不与重工业竞争抢夺稀少的原材料和劳动力。制鞋匠买不到足够的皮革，木匠买不到木材，商人们看着自己的职员纷纷离去，奔向工厂里工资更高的职位。1939年，政府被迫关闭了一些实际上已不产生效益的企业，以便释放出大批劳动力。销售收音机的零售商们的命运在这些不景气的商人中具有典型性：收音机销售商的人数在纳粹统治的头6年中骤然下降了一半多。宣传大师戈培尔的一次突发奇想加速了他们的灭亡。他决定，政府应该大规模生产廉价收音机，这样，更多的人可以直接收听元首的讲话。个体经营的手工业者人数在1936年至1939年间也有很大幅度的下降——下降了近10%，从165万降到150万。

这次经济改组后幸存下来的小企业主们现在有了一块略微大一点的经济馅饼，但是他们的利润份额仍然不及大企业。商人们和手工匠人们还在大声地表示不满，一份写给流亡中的社会民主党的秘密报告称他们是"发泄牢骚和不满的主要群体"。不过，他们的不满主要是经济方面的，而不是政治上的，小企业主们仍然是支持纳粹政府的中坚力量。

德国中产阶级的另一大支柱——农民，也是怀着很高的期望进入到这一新秩序中来的。希特勒在1933年初制订的经济优先发展项目中，振兴农业被列为解决失业问题的一大重要途径。近30%的德国人口从事农业生产，德国300万户农场中的大多数因为世界范围的经济萧条而陷于价格崩溃的泥潭之中。由于不堪重负的利息消耗了农民1/6的收入，大多数农民仍然用牛耕地、

用手捆稻束。他们的生活非常简朴：只有 1/3 的德国
农户使用自来水。

这一惨淡画面中的例外情况是被称作"容克"的
东普鲁士土地贵族。这些几百年来一直为德国军队提供
了大批军官的贵族家庭控制着大多数面积在 250 英亩以
上的大型农场，这些农场占帝国可耕种土地的 1/6。由
于在魏玛共和国的最后几年中得到了政府的大笔补贴，
"容克"地主们经受住了经济危机的考验。封建传统以
及财富使"容克"地主高居于普通农民之上。例如，农
场佣工见到"容克"地主时亲吻他的外衣下摆，这种行
为仍然很普遍。

为了改变这一切，即为了加快农产品生产和提高
普通农民的地位，希特勒求助于一个以前养猪的名叫理
查德－瓦特尔·达雷人。达雷 1895 年出生于阿根廷，
父母是德国人，他在第一次大战期间担任过野战炮兵中
尉，后来学习农艺和畜牧业。他策划了一系列被称作"血
统与土地"的丛书和小册子，大力歌颂各种反闪米特人
种族主义和所谓的回归土地的浪漫主义。他相信，北欧
日耳曼民族是欧洲文化的鼻祖，而德国农民正是这种文
化的继承者。

达雷对农民生活方式的神秘的理想化的描述深刻
地影响了至少两位纳粹领袖。海因里希·希姆莱成了一
位信奉者；作为"党卫队"头目，他后来把这一被扭曲
的有关种族纯洁的理念应用在位于德国和东欧的集中

营。希特勒也被达雷的农民贵族观点——"血统与土地的新贵族"——吸引住了，他于1930年任命达雷为纳粹党的农艺处处长。在那之前，纳粹分子很少注意到农民。在达雷的努力下，纳粹党在农村地区赢得了一定的选票，并渗透进了一些大型农民组织的领导层。

1933年6月，希特勒提名达雷为内阁成员，担任农业部部长。达雷的前任是民族主义党领袖阿尔弗雷德·胡根堡，希特勒为了在国会里获得民族主义党的必要支持曾任命他担任农业部和经济部两个部的部长。在3月份架空国会之后，希特勒不再需要胡根堡了，而纳粹党控制的各个农民组织也找到了抛弃他的借口，转而支持达雷。

身居这一新的职位，并且有了纳粹党封给他的"帝国农民领袖"这一额外的头衔，达雷现在可以主宰农业政策的制定，保护德国农场免遭自由市场的冲击。不过，这些农业政策的目标经常相互矛盾。例如，达雷想提高农副产品的价格，同时又想降低消费者的食品价格；他想保留传统的农业生活方式，但同时又想刺激农业生产。

新秩序下农业的两大基石是在1933年9月达雷上任后3个月内奠定的。首先是一项试图"保留农民作为德意志民族的血统之泉"的法律。为了防止土地投机，保护农民免遭自由市场的冲击，该法律规定面积在18～300英亩的所有农场（约占德国农场的1/5）为可世代继承的农场，并取消了这种农场的相当一大部分现有债务，但严格限定它们的未来面积。在某一农场主死亡之后，农场所有财产原封不动地传给长子。任何土地不得转卖或抵押，任何债主不得取消抵押人赎回抵押品的权利。

这种可世代继承的农场的主人成了政治意识形态特别关注的对象。他们很光荣地被称作"Bauer"（具有纳粹荣誉感的德语单词"农民"）。其他所有从事农业的人都被归类于"landwirte"（"农场主"），无论他们的农场是大还是小。农民及其家人要进行体检，并向权力部门提供家族档案。这样做的目的是为了确定农民在粮食丰收和科学饲养家畜之外是否还会生育健康的后代——以及防止犹太人拥有耕地。

纳粹农业政策的另一大基石是建立了"帝国食品产业组织"。建立这一机构的目的是为了控制食品的生产、定价和分配。理论上，它是一个自治的公共机构，而实际上它在每一个方面都与纳粹党和国家有着联系，它的统辖范围包括了农业的各个方面。它实行强制性入会，使它的会员不仅包括帝国的 300 万户农场，还包括42000 个农业合作社以及雇用着大约 30 万工人的奶制品厂、面粉厂和其他加工厂，另外还有 50 万家零售食品商店。为了保障价格，"帝国食品产业组织"会告诉农民应该种植什么、应该种植多少、什么时候以及往什么地方运送产品。每家农场的相关资料都被记录在档案里，每月更新一次。不按照这种要求去做的农场主将面临罚款或坐牢。

要规划、监督和实施这一切，全国从上到下需要设立专门的办公机构，雇用 7 万多名职员。不像"劳工阵线"和其他臃肿的纳粹官僚机构，"帝国食品产业组织"事实上是很讲究成本效益的。超过 3/4 的职员是不领报酬的志愿人员（一般都是当地的纳粹农民领导）。除了全天候地经营自己的农场外，这样一位农民领导还得关心他的左邻右舍。他众多的职责包括一些与他本人不相干的杂事，如监督群众的政治态度，为农村妇女举办思想教育大会，检查牛是否有病，落实母鸡每年的下蛋定额是否达到了65 个，等等。

除了制定价格和保证家庭农场依法经营外，纳粹分子还特别注意提高乡村生活的尊严地位。每年秋天都要举办"丰收感恩节"，将近 100 万的农民被吸引到哈默尔恩市，聆听元首把他们赞誉为"民族的未来"。许多农民穿着手工做的传统服装参加这一盛典。在农村，"帝国食品产业组织"下属的"农民文化部"的代表们复兴了一些旧的传统，并创新了一些新的风俗，如举行专门的仪式，庆祝家庭农场传给继承人，即新的"农民"。为了与达雷的理论保持一致，"帝国

1933年10月，在纳粹政府的第一个丰收感恩节上，穿着农民服装的农场妇女们在展示成捆的稻子。农业部部长瓦尔特·达雷（左图）把这次大丰收与希特勒联系起来，称他是"农民总理"。

食品产业组织"的工作人员甚至兴起了乡村纹章学，鼓励农民实行家庭徽章制——大多数徽章事实上是一些公司急于剥削农民"这一新贵族"而粗制滥造的。

农民们以复杂的心情品味着强加于他们头上的这一切。他们经常抱怨政府干预了他们多年来一直珍视的自由主义和个人主义。例如，"农场继承法"严重束缚了农民的手脚，他们觉得自己仅仅是土地的管理人员，而不是土地的真正的主人。由于不再允许他们把农场当作抵押品，他们很难获得信贷资金。此外，他们还担心自己的儿女们今后不能再延续家庭生活方式，尤其是因

"劳动服务公司"的青年们肩上扛着像武器一样的铁锹，离开营地，前去阿尔卑斯山区高地开始一天的筑路工作。一位美国访问者报道说："他们的身体都很健康，他们太忙了，根本没有时间去批评什么。"

为不受法律保护的土地的价格上升很快。事实证明,"土地保护法"非常不得人心,差不多1/3的农场主要求他们的土地无须受到保护。

"帝国食品产业组织"施加的其他许多限制措施也激起了乡下人的怨恨。一些农场主把优等面粉与劣等面粉掺和在一起,这样躲过了面粉质量的要求;另外一些农场主以非法价格把牛卖给商人。农场主们还抱怨政府规定他们必须把牛奶卖给中间商而不是直接卖给消费大众。这种规定使他们的奶制品机器闲置无用,并迫使他们买回自己所需要的脱脂乳。还有一些人抱怨他们的劳动太辛苦,是整个帝国最辛苦的人。一位纳粹地方领导在听到太多的这一类抱怨声后写道:"一个农民处于这样的境况,他认为只有他不得不劳动,而别的人什么都不做就在挣钱。"

在希特勒统治时期,德国农民有一段时间经济上还比较宽裕。在他统治的头3年里,农民收入稳步增长——虽未超过萧条前的水平,但比其他行业的增长幅度要快。特别的税收减免和债务减免政策使农民们可以留住更多的收入。然而,1936年,农民收入的增长幅度开始落后于贸易业和工业。两年后,农业在德国经济中的比例实际上降到了比希特勒刚上台时还要低的水平。

重新装备军事带来了经济繁荣,但像许多商人和手工业者一样,农民成了这种繁荣的牺牲品。由于政府严格控制了农副产品价格，农民们不得不付出更高的生产成本，尤其是劳动力成本——如果他们能够找到劳动力的话。越来越多的农场工人去了工厂和建筑行业，因为那些地方的工作要轻松些，而工资要高些。他们被吸引到城市，因为城市有更好的住房，有商店、咖啡店和电影院等城市生活福利设施。到 1937 年收割季节时，德国的农场缺少差不多 40 万个劳动力。

尽管在所有工业化国家都出现了农业人口大量流失，但在第三帝国时期的德国，这种现象达到了危机的程度。1933 年至 1939 年间，估计有 150 万德国人（农村人口的 12.5%）离开了农场。这一数字不仅包括农场工人及其家属，也包括享受官方荣誉的"农民"以及他们的妻儿老小。年轻的姑娘们看到自己的母亲一生劳作至死，不想再嫁给农民，只想嫁给军人、工厂工人或其他任何人。（一位农民的妻子说："她们现在宁愿穿丝织长袜，而不愿打绑腿。"）一些农场继承人悲哀地发现，他们继承的农场产出的利润还不够买拖拉机或雇用劳力，所以干脆放弃了继承权，去城里工作或去参军。

达雷和他那帮理论家却千方百计地想把农民们束缚在土地上。他们认为，农场工人未经政府允许就离开农场是非法的。但两年后，这一禁令被取消了。当工厂开出更高的工资、急需大批紧缺的劳动力时，许多年轻人再也不愿死守着根本没有出路的农场工作。达雷实行农业技术特别培训，但在 1937 年，41000 个可供培训的职位只有 7000 个有人愿做。"劳工阵线组织"也试图通过提供文化和体育运动项目来吸引人们参加，但很难叫农民们每天花两个小时来操作水泵以解决自来水供应问题，他们对此没有什么兴趣。

由于不能扭转农业人口大量流失的趋势，纳粹政府想出了各种各样的权宜之计。"帝国劳动服务公司"的成员们、"德国青年女子团"和"希特勒青年党"的志愿人员们以及必须在农场上干满所谓一年"责任年"的年轻农村姑娘们——他们全部都得花一段时间帮助农场收割稻谷、挤牛奶等，以减轻农民家庭的劳动负担。达雷希望年轻人会对这些经历感到特别有趣，其中许多人可能会选择永久性地过农村生活，但事实上很少有人这样做。最成功的计划——大量意大利人、波兰人和其他外国工人自愿来到德国——也是令纳粹分子最担忧的问题。这些季节性帮工不仅是可靠的劳动力，而且是农场上年轻女人的合适配偶，因为原本会成为她们丈夫的小伙子们都去了城里。在忠实的意识形态分子看来，这种通婚杂交的结果会威胁珍贵的"德意志民族血统之泉"。

无论是农业人口流失还是其他农业发展问题对"容克"地主的地产都未产生很大的影响。刚开始，政府制订了很多计划，在这些土地贵族占统治地位的人口稀少的东部地区开发了许多新农场以扩大农民人数。根据计算，通过分割"容克"地主的地产可获得了 25

万户新农场。不久，纳粹分子就开始以开垦和购买的形式（而不再以剥夺的形式）建成了20748户中型农场。建成的总数差不多只有魏玛共和国时期开发的新农场的一半。

相对来说，纳粹政府未曾动过"容克"地主的大片地产和改变他们的生活方式。其中一个原因是，这些大型农场能够负担大批劳动力和机械化设备，从而具备很高的生产力。另一个原因是，有必要与这个为德国贡献大批军事领袖人物的阶层保持友好的关系。在不久的未来，东部的20个贵族家庭为国家军队贡献了160位将军级人物。"容克"地主们能够继续享受贵族消遣方式；他们仍然举行夜间森林狩猎活动，狩猎牡鹿和其他猎物。在狩猎的沿途，有护林人和森林先遣队打着火把为他们照明。不过，为了有资格得到必要的狩猎许可证，他们现在必须成为"纳粹猎人协会"的会员。

同时，在纳粹统治6年后，曾经让"血统与土地"理论家们感到自豪的高贵农民们开始受苦了。1939年，许多农民一天要劳动16个小时，比他们10年前的劳动时间还要长3个小时。纳粹政府内部的一份报告提到了在农村"人们的情绪几近完全绝望"。"帝国食品产业组织"的一位农业领导写道："我认识不少农民十年里没给自己买过一套新礼服。在我负责的区里，我知道只有两户农民有收音机，而这两户农民的儿子或女儿都在工厂上班。"

从普通消费者的角度来看——无论是产业工人，小企业主，还是农民——纳粹统治时期的生活水准与大萧条年代相比还是上升了。30 年代后期，主要是因为人们的工作时间加长了，人们的收入有所提高。尽管物价也上升了，德国人总体说来吃得更好了，享受的娱乐活动（如看电影）也更多了。但是，纳粹政府既要生产枪炮又要生产面包的做法往往使消费者这方物质匮乏。例如，尽管一年有 30 万套新的或改建的住房落成，住房问题仍然是一大令人头痛的问题。1/3 的德国人住在过分拥挤或不合标准的条件下。在乡村地区和小工业城市，这一问题尤其尖锐，因为重振军备带来的经济繁荣使这些地方的人口至少翻了一番。1938 年，帝国急需 150 万套新住房。

然而，消费者们仍然忍受着，有时甚至满腔热情地忍受着，因为纳粹宣传一直要人们相信，情况会越来越好的。最典型的一个例子是有关"大众"牌小汽车的故事。在德国，拥有小汽车是富人的特权；每 50 个德国人才有一辆车（相比之下，每 5 个美国人就有一辆车）。但是，希特勒却许诺，普通人也会拥有一辆"大众"车，只需花 990 德国马克（397 美元）——是美国人在 1939 年买一辆新车所付价格的 1/3。

"大众"车既是工程学也是宣传天才的一幅杰作。这种小巧的、尾部有空气制冷发动机的甲壳虫车是费迪南德·波尔舍发明的。波尔舍是一名已经赢得国际认可的小型轿车和赛车设计师。1875 年出生于德国苏德台地区（后来成为捷克斯洛伐克的一部分）的波尔舍，是一个外表文静但实际上脾性热烈的小个子男人，他未接受过多少正规的教育，但对机械设计有一种天生的感悟力，早在 20 年代他就梦想着人人可以拥有一辆小车。由于这一执着的梦想——加之他的脾性——他离开了"戴姆勒"和其他几家大的汽车制造公司，目的就是为了实验和开发他的理想之车。

1934 年，波尔舍已经快 60 岁了，他受到了那位使他能够梦想成真的人的注意。希特勒尽管从未学过开车，但喜爱汽车，尤其是黑色大"奔驰"车。他是第一位鼓励大规模开发汽车工业的德国政客，他对汽车的热情使身为总理的他可以把高速公路建设当作首要公共设施工程来抓。在 1933 年的柏林汽车展上，希特勒号召工业界创造出一种人民大众的汽车，接下来他与波尔舍的会谈使"大众"车这一宏伟工程得以启动。

波尔舍在他住房旁边的车库里勤奋不息地研制着他的新车，研制成功后让"党卫队"司机们进行长达 100 多万英里的路面测试。同时，希特勒也开始尽最大可能宣传这项工程。当各大汽车制造商对此并未表现出多大的热情时，希特勒求助于莱伊及其会费丰厚的"德国劳工阵线组织"。想到希特勒曾向人民许诺，这种车将成为"他们在周末和假日的无上快乐源泉"，莱伊指定他的消遣娱乐组织"快乐中获得力量"为"大众"车

希特勒祝贺1938年"德国国家艺术和科学奖"的获奖者，左起：飞机设计师厄内斯特·海因克尔和威利·梅塞施米特，"大众"汽车制造商费迪南德·波尔舍，以及建筑工程师弗里茨·托德。每一位都获得了10万德国马克和一枚饰章（见下图）。饰章是由铂金做的一颗星，上面的头像是古希腊智慧女神雅典娜。

的赞助商。

　　"劳工阵线"组建了一个新的公司专门制造这种
汽车，并开发相应的生产设施。规划人员把厂址定在汉
诺威东边一个叫作沃尔夫堡的地方，这是"容克"地主
的一处地产，因为这项工程而被征用。整个汽车厂占地
20平方英里，包括一座年生产能力达150万辆轿车（前
所未闻的生产能力）的工厂和一座能容纳3万工人及其
家属的小城。为了学习流水线生产方法，波尔舍及其一

些同事访问了美国，在那里，他们参观了汽车厂，拜访了亨利·福特（纳粹政府很快对福特大加称颂，说他"把汽车给了人民大众"）。他们还招聘了20几个德国出生或具有德国血统的工程师和汽车生产专业人员，这些人愿意回到祖国帮助建立流水生产线。

在一片欢呼声中，希特勒于 1938 年 5 月 26 日奠定了"大众"汽车制造厂的基石。他宣布，这种车将以对它进行赞助、"给我们最广大的人民带来快乐从而也带来力量的、工作最勤奋的" 那个组织来命名。怀着自豪的心情听着元首讲话的波尔舍突然觉得有些吃惊，他设计的这款卓越的汽车竟然会被命名为"快乐中获得力量"牌汽车。"我们都觉得很可怕，"负责用这款新轿车送希特勒回火车站的费利（波尔舍的儿子）后来回忆说，"我父亲认为，如果使用这一名称，我们永远无法把这款车卖到国外去。"不过，设计者不必过分担心，因为除了顽固不化的国家社会党分子以外，没有人不会把它叫作"大众"车的。

事实上，莱伊及其"劳工阵线"的同事们在把这款车推向市场时表现得非常内行。他们想出了一招以市场为导向的妙计，实际上是一种庞大的分期付款购物法。一位顾客只需一周支付 5 马克（合两美元，大约是一个普通工人实际工资的 1/6），就会得到一本上面盖有戳印的存折。在分期付款 55 个月后，买主就有资格得到一辆"大众"车，或至少在等待名单上占有一个名额。

1938年，在沃尔夫斯堡举行的"大众"汽车制造厂的庆贺日上，元首登上一辆有折篷的"大众"车，这是费迪南德·波尔舍（希特勒身后）设计的3种款型中的一种。

　　此举的结果是，有 336668 名德国人开始以分期付
款的形式购买他们的"大众"车，总共支付了约 2.8 亿
马克（合 1.12 亿美元）。不过，这些买主注定要失望的。
1939 年 9 月 1 日，汽车厂还只是部分完工，尚未生产
出一辆汽车，德国入侵波兰，第二次世界大战爆发了。

　　希特勒命令波尔舍把这款人民之车改换成一种全
为军事服务的车。于是，"大众"车很快就变成了一种
军车，横行于欧洲的大道、非洲的沙漠和俄罗斯的大平
原上。大战结束时，俄国人从一家银行里没收了那笔达
2.8 亿马克的分期付款资金。但是，一家新成立的"大
众"汽车公司光荣地接过了那些旧的存折本，1946 年，
人民之车终于开始驶上了高速公路。

这份"快乐中获得力量"的海报是为"大众"车分期付款计划刊登的广告，上面写着："如果你想驾驶自己的车，你必须一周省下5马克！"

人人都有标志和徽章

纳粹德国是一个充满海报和徽标的国度。这些海报和徽标是对公众的激励，是对个人参与政府发起的各项活动的承认。在利用这两种宣传手段方面，没有哪个机构比罗伯特·莱伊的强大的"德国劳工阵线"组织（DAF）表现得更为出色了。它设计的海报和徽标每种都有好几千。

"劳工阵线"的海报（像上图中这张表现一个幸福之家坐在自家汽车的方向盘后的海报）千篇一律地描绘了纳粹统治下的理想生活图景。除了会员徽标外，DAF还为"快乐中获得力量"旅游度假、为"劳动服务公司"各种集会等凡是可以想象得出的活动设计制作徽章标志。这些具有纪念意义的徽章标志达到了双重效果：既显示了这些活动的重要性，又把参与者结成了一个联合的阵线。

"劳工阵线"及其相关机构设计的海报和徽标反映了当时的德国生活。左边这幅表现德国工人在挪威峡湾旅游的招贴画向人们许诺："现在，你也可以旅游！"下图是"冬季救济"组织的一个捐献杯，上面写着："工人们收集，工人们给予！"右边是"劳动服务公司"（RAD）为了吸引妇女（"RAD领袖——时代的呼唤"）

和男人（"我们增强身体和灵魂"）而设
计的海报。位于底端的这些徽标（从左至
右）分别代表RAD青年女子会员章、RAD
运动会纪念章、RAD男子会员章、"劳工
阵线"领袖章、"大众"汽车奠基典礼纪
念章、"纳粹工厂基层组织"会员章和"快
乐中获得力量"的意大利旅游纪念章。

新秩序的一位
王子

从纳粹运动的早期开始，赫尔曼·威勒姆·戈林就一直是阿道夫·希特勒身边最惹人注目的角色。他那缀满奖章、过分花哨的穿着以及重达280磅的魁梧身材成了世界各地新闻观察家眼中的一道熟悉景观。元首称戈林是"我拥有的最优秀的人"，并给了他各种各样的头衔：帝国元帅、空军司令、国会主席、普鲁士州内务部长、"四年计划"的负责人。戈林被公认为希特勒的既定接班人。

在希特勒看来，戈林不仅仅是一个忠实的下属，他还是"纳粹运动的榜样"。戈林在一战中作为一名战斗机飞行员击落了22架飞机，这为他赢得了一大堆奖章，包括普鲁士州的最高荣誉奖。他好像是帝国时代各种美德的化身，希特勒正想把这些美德融入到他的新秩序中去。

戈林称自己是"德国中世纪骑士精神的继承人"。事实上，他的父母分别是领事馆的一名小官和巴伐利亚州的一名农家姑娘，他是他们的第四个孩子。当一家人日子难熬的时候（指老戈林年老多病的时候），他们求助于戈林的教父赫尔曼·冯·艾朋斯坦。富裕的艾朋斯坦是一名有着犹太血统的医生，他让戈林夫人成为他的情妇。作为回报，他允许戈林一家免费住在费尔登斯坦那座有塔楼的中世纪城堡里。戈林后来把这里称作是他的家庭所在地。

作为纳粹政府的第二号最有权力的人物，戈林能够尽情地沉湎于他那贵族般的矫饰生活。他获取了大量的豪华宅地，饿狼似的收集艺术作品。他极度喜爱色彩鲜艳的制服、德国的民族服装和饰有动物毛皮的休闲衣，他经常一天要换3~4次衣服。

外国观察家们发现这个过分讲究服饰的大块头男人不仅仅是有点荒唐可笑；一位英国外交官还称他是德国革命的小丑。德国人也在讥笑这位"胖子"的虚荣，到处都有关于戈林的笑话。不过，戈林的快活表情掩盖了他作为一名机会主义分子狡猾和往往残酷无情的一面。他对他的元首的忠诚从未动摇过。戈林曾经说过，希特勒"是上帝送给我们来拯救德国的"。

赫尔曼·戈林穿着一套很讲究的猎装，露出刚毅的眼神，以显示他身为"铁人"的形象。与此相称的是，他的家族徽章的中心图案（见左图）是一只戴着铠甲的拳头紧握一只银环。

在设计"卡琳宫"时，戈林注入了他对中世纪往日建筑的激情。他在庭院里（见上图）举行过多次奢华的款待宴会。

富有的
庄园主

　　随着财富和权力的增加，赫尔曼·戈林过上了一种只有极少数王子才敢与他媲美的生活。他的众多宅邸包括他身为国会主席在柏林的宫殿、在贝尔特斯加登山区与希特勒相邻的一座小别墅、曾经是他教父的艾朋斯坦医生所拥有的两座城堡、作为普鲁士州内务部长的一处官邸、在柏林的一套公寓以及在东普鲁士打猎时用的一处住房。

　　不过，这位帝国元帅最喜爱的住处是他自己设计的、位于萧夫海德森林的一处延展得很开的乡村住房，这里离柏林仅45英里。他把它称作"卡琳宫"，以纪念他那位已于1931年死去的瑞典妻子卡琳。1934年，她的遗骸从瑞典运来，重新葬在这处宅地的一座气势宏伟的陵墓里。

　　戈林坐着马拉雪橇到达"卡琳宫"的主大门（见下图）。他像一位封建领主一样照管着这处10万英亩的地产。

233

这一幅象征"欧罗巴"的裸体女像是戈林收藏的几千幅绘画作品中的一幅，挂在"卡琳宫"的一间卧室里。许多绘画是企业家们作为礼物送来的，他们必须捐助戈林的艺术基金。

戈林尽管担忧自己的体重，但他还是乐于在"卡琳宫"的餐厅里举行招待宴会，尽情享受传统美食。

234

"卡琳宫"里的书房显示出戈林对科幻小说、美国西部小说、莎士比亚和萧伯纳的戏剧的喜爱。

一座公开的
珍品收藏屋

"卡琳宫"的每一处细节都是戈林设计的，甚至包括灯座和门闩，其结果符合他讲究排场的个性。到1934年时，这座乡下狩猎行宫已渐渐演变成一座真正意义上的珍品收藏馆，墙上挂满了戈林从四处搜集来的挂毯和绘画艺术品。

"卡琳宫"的这位主人很乐意带领来访的国家要人和名人参观他的珍品收藏屋，来访的客人中包括美国著名飞行员查尔斯·林德伯格及其妻子安妮，还有英国的温莎公爵等。最令人难以忘怀的是一间用作卡琳神祠的烛光照明的屋子和一个轨道长达近2000英尺的铁路模型。

赫尔曼及艾米·戈林夫妇在举行婚礼后离开柏林的路德教大教堂。希特勒就在他俩身后的人群中。

一次近乎皇家气派的婚礼

尽管戈林一直怀念他的第一位妻子卡琳，但在卡琳死后4年他还是再次结了婚。他的新娘是艾米·索内曼，柏林国家剧院的一位受人尊重的女演员。他俩于1935年4月10日举行的婚礼成为纳粹德国的一大豪华盛事。帝国主教路德维希·穆勒主持仪式，阿道夫·希特勒担当男傧相。

成千上万看热闹的人等待着一睹新婚夫妇的风采。这一情景使一位英国外交官不禁评论道："一个前去柏林的人极有可能会以为君主制又在德国复辟了，他碰巧赶上了一次皇家婚礼。"

"冲锋队"队员和旁观的人群夹道欢迎新娘新郎以及他们的车队前去柏林歌剧院参加招待宴会。

1936 年春，纳粹政府钦定的社交聚会常客戈林（右上角穿制服者）参加在柏林举行的一次豪华的婚礼宴会。

一个芭蕾舞团正在柏林歌剧院舞厅为戈林、他的妻子和客人们表演。

大款待家

戈林的财富和贵族风度，配以他那喜好宴饮交际的个性，使他成为社交名流和外国外交官员的理想东道主。事实上，这也是元首高兴让戈林扮演的角色。由于自己出生寒微，在社交场合不善于应酬，希特勒很厌恶这一类活动。一次，当一名思想保守的纳粹分子抱怨说，在经济形势如此严峻的这样一个时代，戈林的奢华生活树立了不好的榜样，元首马上接口道："不要管戈林！他是唯一知道如何款待的人。"

戈林（后排最后）代表纳粹帝国参加 1936 年在波兰的一次外交人员招待会。
在去波兰的途中，他还抽空去猎熊。

在一次有着悠久历史的"容克"仪式上，戈林在东普鲁士罗民腾森林他住房外的草地上接受当天的战利品。

狩猎大师

　　戈林尽管腰身粗大，热爱美好生活，但打起猎来却劲头十足。他是一个顶呱呱的射手，他最快乐的时光是在东普鲁士和附近波兰境内的广袤森林里追踪猎物中度过的。希特勒不赞同狩猎，但是，对自己的这位下属却很放纵，他任命他掌管帝国的狩猎行业和森林。这使戈林更加提高了自己作为一名古老的"容克"地主的形象。他喜欢带着人去从事一些传统的狩猎活动，比如，晚上打着火把去收集战利品——即白天打死的那些动物。

　　然而，戈林也是一名自然资源保护方面的先锋。他制定了一些严格的规章，限制人们狩猎和诱捕动物。他起草了一些保护濒危物种的法律，发起了一项雄心勃勃的植树造林计划，并建立了几十个野生动物保护区。

　　拳头上立着一只猎鹰的"帝国狩猎大师"戈林在以他名字命名的一处野生动物保护区里进行他喜爱的一项运动。

图书在版编目 (CIP) 数据

新秩序 / 美国时代生活编辑部编；张显奎译 . ——
修订本 . —— 海口：海南出版社，2015.1（2022.8 重印）
（第三帝国）
书名原文：The third reich:The new order
ISBN 978-7-5443-5809-5

Ⅰ . ①新… Ⅱ . ①美… ②张… Ⅲ . ①德意志第三帝
国 – 史料 Ⅳ . ① K516.440.6

中国版本图书馆 CIP 数据核字 (2014) 第 271403 号

第三帝国：新秩序（修订本）
DISAN DIGUO: XIN ZHIXU (XIUDING BEN)

作　　者：美国时代生活编辑部
译　　者：张显奎
选题策划：李继勇
责任编辑：张　雪
责任印制：杨　程
印刷装订：北京兰星球彩色印刷有限公司
读者服务：唐雪飞
出版发行：海南出版社
总社地址：海口市金盘开发区建设三横路 2 号
邮　　编：570216
北京地址：北京市朝阳区黄厂路 3 号院 7 号楼 102 室
电　　话：0898-66812392 010-87336670
电子邮箱：hnbook@263.net
经　　销：全国新华书店经销
版　　次：2015 年 1 月第 1 版
印　　次：2022 年 8 月第 2 次印刷
开　　本：787 mm×1 092 mm　　1/16
印　　张：15.25
字　　数：180 千
书　　号：ISBN 978-7-5443-5809-5
定　　价：45.00 元